GIVE ME FIVE

Für Ewan und Florence ..., das habe ich alles für euch getan.

Bibliografische Information der Deutschen Nationalbibliothek
Die Deutsche Nationalbibliothek verzeichnet diese Publikation in der Deutschen Nationalbibliografie; detaillierte bibliografische Daten sind im Internet über http://dnb.dnb.de abrufbar.

Dieses Buch erschien 2020 erstmals bei © Penguin Books, UK.
Penguin Books
20 Vauxhall Bridge Road, London, SW1V 2SA
Penguin Books ist Teil der Penguin Random House Verlagsgruppe.
Text Daisy Upton
Ergänzende Fotografie Daisy Upton
Ergänzende Fotografie copyright © Daisy Upton, 2020
Fotografie Cristina Pedreira Pérez
Fotografie copyright © Cristina Pedreira Pérez, 2020
Die Autorin und die Fotografin machen ihre Urheberpersönlichkeitsrechte geltend.
Abbildungen Studio.G photography/Shutterstock.com (S. 8 o., 60 o., 108 o.),
Andrey Guzev/Shutterstock.com (S. 22 o., m., r., 36 o., 88 o., u.l., 108 u., 142 o., 214 u.),
Fatih Düzgören/Shutterstock.com (S. 56 o.)
Satz Janene Spencer

© Duden 2021 D C B A
Bibliographisches Institut GmbH, Mecklenburgische Straße 53, 14197 Berlin

Redaktionelle Leitung Susanne Klar
Übersetzung Ulrike Schimming, www.letterata.de
Übersetzungslektorat Meiken Endruweit, www.stapel-lauf.de
Herstellung Alfred Trinnes
Satz Dirk Brauns, www.estra.de
Umschlaggestaltung sauerhöfer design, Neustadt
Umschlagabbildung © Daisy Upton (Logo Five Minute Mum), © Cristina Pedreira Pérez (Fotos)
Druck und Bindung MOHN Media Mohndruck GmbH,
Carl-Bertelsmann-Straße 161 M, 33311 Gütersloh

Printed in Germany
ISBN 978-3-411-75655-1
Auch als E-Book erhältlich: ISBN 978-3-411-91338-1

www.duden.de

PEFC/04-31-1033

PEFC zertifiziert
Dieses Produkt stammt aus nachhaltig bewirtschafteten Wäldern und kontrollierten Quellen.
www.pefc.de

DUDEN

Five Minute Mum

Daisy Upton

DAS IDEENBUCH FÜR ELTERN

Genial einfache Spiele

Aus dem Englischen von Ulrike Schimming

Dudenverlag
Berlin

INHALT

BISCUITS
LOVERS

EINLEITUNG

Schenkt mir ein paar Minuten, und ich erzähle euch eine Geschichte.

Es war im Januar 2018, der kälteste Winter seit ungefähr dreißig Jahren (ich sollte es eigentlich genauer wissen – die Meteorologen haben monatelang von nichts anderem geredet). Nachdem ich Silvester ordentlich gefeiert hatte, erwischte mich eine heftige Grippe. Schon unter normalen Umständen ist eine Grippe ziemlich unangenehm, aber damals war ich mit dem dreijährigen Ewan und der einjährigen Florence zu Hause. Den ganzen Tag. Sie wollten beschäftigt werden und interessierten sich nicht dafür, dass ihre Mum sich hundeelend fühlte und fürchterliche Kopfschmerzen hatte.

Es war zu kalt, um draußen zu spielen, und daher beschloss ich in meinem Fieberwahn, dass wir Pappmaschee-Ballons machen könnten. (Ich weiß ..., was habe ich mir bloß dabei gedacht?)

Ich werde Luftballons aufpusten und die Kinder kleben Papierstreifen drauf. Danach können sie die Ballons anmalen. So sind sie erst mal ein paar Stunden beschäftigt. So stellte ich mir das absurderweise vor.

Ich suchte das Material zusammen, versuchte, ein Gestell für die Ballons zu bauen, riss stapelweise alte Zeitungen in Streifen und rührte den Kleister an. Das Ganze dauerte gut vierzig Minuten, und währenddessen wuselten die Kinder um meine Beine herum und löcherten mich mit Fragen.

Was meint ihr, wie lange sie dann die Ballons mit Papier beklebt haben?

Tja, Florence war zwei Minuten und zehn Sekunden dabei. Nach viereinhalb Minuten seufzte Ewan und fragte: »Kann ich jetzt fernsehen?«

Ich machte die Pappmaschee-Ballons allein zu Ende.

Als ich den beiden am nächsten Tag vorschlug, die Ballons anzumalen, passierte das Gleiche: Sie hatten dazu überhaupt keine Lust. Und ich durfte alles wieder wegräumen ... Mein erschöpftes, fiebriges Herz zersprang in tausend Teile. **»DAS. IST. SOO. GEMEIN!«**, wollte ich schreien. **»SOO. GEMEIN!«**

Es musste doch noch andere Dinge geben, die ich mit meinen Kindern machen konnte, einfachere Sachen. Denn sie hatten aus diesem Ballon-Experiment nichts gelernt, außer dass Mum es zu Ende bringen würde, sobald sie sich langweilten. Nicht mal eine heiße Zitrone hatte ich trinken können!

Nachdem ich die Grippe überstanden hatte, machte ich mich an die Arbeit. Ich lebe in Großbritannien und bin ausgebildete Pädagogin, Teaching Assistent. Ich arbeitete vor einigen Jahren in der pädagogischen Frühförderung mit Gruppen von dreißig Kindern zwischen ein und sechs Jahren. Zudem habe ich eine Zusatzausbildung für Kinder mit Dyslexie sowie anderen Sprach- und Sprechstörungen. Als ich das Blog-Schreiben begann, war ich zwar nicht mehr in diesem Bereich tätig, hatte nun aber selbst zwei Kinder unter vier Jahren.

Natürlich würden mir Spiele für sie einfallen! Spiele, die man nicht lange vorbereiten muss und die kein komplettes Chaos hinterlassen würden. Spiele, von denen *wir alle* etwas haben würden.

Ich überlegte mir Aktivitäten, die meine Kleinen beschäftigen, mich aber nicht um den Verstand bringen würden. Herausgekommen sind lauter Sachen für die Tage, an denen ihr keine Lust auf Erziehen habt, ihr mal fünf Minuten für euch braucht oder einfach nur Spaß haben wollt, aber nicht viel Zeit habt. Es sind Spiele, die ihr in fünf Minuten vorbereiten könnt mit all den Materialien, die ihr eh schon im Haus habt (ihr braucht keinen Heißkleber, keine 57 leeren Klorollen und keinen umgedrehten Esstisch, wie ich es im Internet las). Ich habe nach schönen Ideen gesucht, die euch und euren Kleinen Freude machen.

Diese Spiele bringen euren Kindern etwas bei, ohne dass es sich für sie nach Lernen anfühlt. Ein paar stammen aus meiner Zeit als Teaching Assistent, als mich Kinder mit unterschiedlichen Lernproblemen inspiriert haben. Ein paar habe ich von meinen großartigen Kolleginnen und Kollegen (vor allem aus der Irlam Endowed Primary School – danke an euch!), die mir zeigten, dass frühkindliche Förderung einfach sein und immer vom Kind ausgehen sollte. Denn das ist der beste Weg. Manche Ideen kamen mir auch einfach in den Sinn, als ich mit meinen Kids etwas anderes machte oder mit den zwei Nackedeis unter der Dusche stand.

Die Ideen sprudelten nur so. Ich teilte sie mit meinen Freundinnen und Freunden und die wiederum mit ihren Freunden und Freundinnen, und ich merkte, dass die Nachfrage enorm war. Glücklicherweise hatte ich mich schon mit Frühförderung beschäftigt, bevor ich eigene Kinder bekam. Aber wie viele Eltern lernen schon, wie man spielt? Wo gibt es einen pränatalen Kurs, in dem ihr erfahrt, wie ihr eurem Kind das Abc beibringt? Oder wie ihr Spielzeug so einsetzt, dass euer Kind sich länger als dreißig Sekunden damit beschäftigt? Oder wie der »Kaufladen« länger als drei Minuten geöffnet hat, ohne dass ihr euren Lebensentwurf infrage stellt? Solche Kurse gibt es einfach nicht.

Und was ist mit all den Eltern, die Teilzeit oder Vollzeit arbeiten und etwas Sinnvolles machen wollen, wenn sie mit ihren Kindern zusammen sind. Die dann merken, dass nicht genug Zeit da ist?

Wer hat schon Zeit, komplizierte Luftballon-Pappmaschee-Aktionen zu starten?

Niemand. Wir wären alle gern »perfekte« Eltern, aber ehrlicherweise müssen wir zugeben, dass wir dafür ein bisschen zu müde sind. (Und unsere Wohnungen schon zur Genüge runtergerockt sind.)

Also, hier kommt mein Fünf-Minuten-Buch voller Ideen für die anspruchsvollen Kleinkindjahre, gepaart mit einer gesunden Dosis Realität. Jede Idee könnt ihr in fünf Minuten vorbereiten, und wenn sie dann nicht funktioniert, weil euer Kind sich damit langweilt oder einen Wutanfall bekommt, macht es nichts. Denn alles ist in fünf Minuten auch wieder aufgeräumt. Und euer Ärger hält sich in Grenzen. Aber wenn es *funktioniert*, dann spielen eure Kinder fünf Minuten oder sogar länger. Und sie lernen dabei etwas Neues. Ihr könnt dabei in Ruhe einen Kaffee trinken. Oder ihr lacht viel miteinander und fühlt euch dann wie megacoole Supereltern. #winning

Meine Spiele sind einfach. Ihr braucht dafür Dinge, die ihr vermutlich längst im Haus habt – und wenn nicht, nenne ich euch immer Alternativen. Manche Spiele sind zum gemeinsamen Spielen. So bekommt ihr auch etwas vom Spaß ab. Manche sind dafür da, eure Kleinen fünf Minuten allein spielen zu lassen, damit ihr mal ohne Stress aufs Klo könnt (ein Traum!).

Als ich 2018 nach dem Grippe-Pappmaschee-Desaster mit meinem Blog begonnen habe, hätte ich nie gedacht, dass ich es damit so weit bringen würde. Ich bin unglaublich stolz darauf. Und ich freue mich immer, wenn mich Eltern fragen, ob sie das mit dem ganzen Erziehungskram gut machen, selbst wenn sie das Gefühl haben, dass ihnen die Zeit für die Grundlagen fehlt. Mir geht es genauso.

Für euch habe ich diese Spiele aufgeschrieben. Wenn ihr also einmal das Gefühl habt, nicht mehr weiterzuwissen, schnappt euch dieses Buch mit den schnellen und einfachen Spielen, sucht euch eines aus, und vielleicht wird dann doch noch ein guter Tag daraus. Denn wir Eltern von kleinen Kindern wissen, dass sich alles von einem Moment auf den anderen ändern kann, und manchmal braucht ihr dafür einfach nur fünf Minuten.

ACHTUNG SPRACHE!

Die Sprache in diesem Buch ist etwas gemäßigter als die auf meinem Blog. Ehrlich gesagt, Erziehung ist einfach manchmal zum Fluchen. Deswegen fluche ich, wenn meine Kinder in Hörweite sind, ganz leise. Dieses Buch kann bei euch bedenkenlos herumliegen und euren Kindern in die Hände fallen, denn hier wird nicht geflucht. Ich arbeite mit Alternativen, die wir zu Hause auch benutzen, wenn wir uns den Zeh stoßen und losbrüllen »Oh, Schei…«, und dann seht ihr, wie eure Zweijährige euch anstarrt und ihr das Wort rasch mit »…benhonig« beendet. (Winke-Emoji).

WIE DIESES BUCH FUNKTIONIERT

Dieses Buch versorgt euch mit lustigen Spielideen für Kinder im Alter von ein bis fünf Jahren. Die Spiele bauen viele der Fähigkeiten auf, die in der Frühförderung bis zum Eintritt in die Grundschule wichtig sind. Ich weiß – LANGWEILIG! Das bedeutet aber, dass meine Spiele ganz nebenbei genau das unterstützen, was eurem Kind bei der Entwicklung hilft. Wenn ihr also mit euren Kindern diese Spiele spielt, könnt ihr euch total superheldenmäßig fühlen, weil ihr wichtige Dinge anstoßt und auch noch Spaß zusammen habt. Eine echte Win-win-Situation, oder?

Neben jedem Spiel findet ihr einige Kästchen mit Symbolen. Sie geben an, welche Fähigkeiten es fördert und für welche Altersgruppe es geeignet ist. Diese Kästchen sind nur Empfehlungen: Ihr müsst sie nicht streng befolgen. Die Altersangaben sind ebenfalls nur dafür da, euch eine Orientierung zu liefern – wenn eure Einjährige bei den Dreijährigen mitmachen will, ist das völlig okay (das gilt natürlich auch umgekehrt).

SICHERHEITSKRIMSKRAMS

Vieles von dem, was jetzt kommt, ist zwar allgemein bekannt, aber ich möchte doch auf ein paar Sicherheitsmaßnahmen hinweisen. Denn ich weiß ja nicht, wie es euch so geht, aber wenn man (jahrelang) null Schlaf bekommt, können dem übermüdeten Hirn selbst die einfachsten Sicherheitsvorkehrungen entfallen. Also bedenkt bitte Folgendes, wenn ihr die Spiele umsetzt:

- **MAGNETBUCHSTABEN UND -ZAHLEN** sind nur für über Dreijährige geeignet, denn die kleinen Magnete auf der Rückseite fallen manchmal heraus, und wenn die Jüngsten sie verschlucken, kann das sehr gefährlich werden. Haltet die Dinger also von den Kleinsten fern.
- **BEWEGUNGSSPIELE** sind toll, und wenn es mal wieder schüttet, spielen wir sie drinnen. Ich schiebe dafür den Couchtisch zur Seite, weil die Ecken und Kanten echt wehtun können. Also, bevor ihr Tobespiele drinnen spielt, checkt kurz, ob irgendwelche scharfen Ecken und Kanten im Weg sein könnten und schafft Platz, damit sich niemand verletzt.
- Und dann das **WASSER**: Selbst in flachen Wasserschüsseln können die Kleinsten ertrinken. Wenn ihr sie mit Wasser spielen lasst, habt immer ein wachsames Auge auf die Kinder! Ihr könnt gern einen Kaffee dabei trinken, aber beobachtet eure Kids beim Spielen. Es macht echt Freude, ihnen beim Planschen zuzusehen. Das ist eure private Baby-Wassershow!

DAS BEDEUTEN DIE SYMBOLE

Alter: Hier gebe ich euch das Alter an, in dem meine Kids die Spiele ausprobiert haben. Viele der Aktivitäten in den ersten vier Kapiteln sind für Kinder über zwei, aber im Kapitel »Schnelle Ideen für …« findet ihr auch viele Spielvorschläge für Einjährige.

Grobmotorik: Das meint die Gesamtbewegungen des Körpers – hier werden grundlegende Fähigkeiten wie rennen, springen, werfen und balancieren gefördert.

Feinmotorik: Im Gegensatz zu den grundlegenden stehen hier die feineren Bewegungen im Fokus, die man meist im Sitzen macht, wie, einen Stift greifen oder einen Faden einfädeln.

Sprache: Alle meine Spiele fördern die Sprache! Dieses Symbol verweist auf Spiele, die eure Kleinen zum Reden ermutigen.

Malen und Kritzeln: Hier kommen Stift und Papier zum Einsatz. Sobald Kinder einen Stift halten können, kritzeln und malen sie. Diese Spiele helfen ihnen zuerst beim Kreisemalen, später beim Schreibenlernen.

Zahlen: Bei diesen Spielen geht es um Zahlen. Die meisten Spiele könnt ihr auch mit Buchstaben spielen, wenn ihr mögt, oder mit irgendetwas anderem, das dazu passt!

Buchstaben: Diese Spiele fördern das Erkennen von Buchstaben. Passt sie euren Wünschen an und spielt sie auch mit Zahlen, Wörtern oder anderen Dingen.

DIE FÜNF-MINUTEN-AUSRÜSTUNG

Ich hoffe, dass es bei den meisten Spielen ausreicht, sich einfach dieses Buch zu schnappen und gleich loszuspielen. Denn ihr braucht wenige Dinge, die ihr meist schon zu Hause habt. Meine Devise lautet: »Mit welchen Sachen hier können wir spielen?« Für neue Ideen lasse ich mich von Alltagsgegenständen inspirieren. Das Leben mit Kindern ist schon teuer genug, da ist es umso besser, wenn wir nicht noch extra Zubehör kaufen müssen!

Ein paar Dinge könnt ihr euch quasi als Survival-Kit vorab zusammenstellen, um sie an langen Regen- oder Ferientagen sofort griffbereit zu haben. Folgende Sachen benutze ich regelmäßig, zusammen mit ein paar Spielzeugen, deren Anschaffung sich lohnt, weil Kinder damit immer wieder gern spielen.

AUS DER BASTELKISTE:

- Bunt- und Bleistifte für kleine Kinder
- farbige Kreiden
- Buntpapiere, Tonpapiere und Tonkarton
- Kreppklebeband
- Scheren (eine für euch plus ein paar Kinderscheren)
- Büroklammern
- Haftnotizen (oder anderen Klebezettel)
- Whiteboard-Marker
- Kreidestifte und / oder Farbstifte

AUS KÜCHE ODER WERKSTATT:

- Plastikbecher
- Löffel, Pfannenwender und andere Utensilien
- kleine Tabletts mit hohem Rand
- eine Muffinform oder ein Backblech
- Alufolie
- Eimer oder Waschschüsseln

AUS DER KRIMSKRAMS-SCHUBLADE:

- Luftballons
- wieder ablösbare Klebepads
- Würfel
- wiederverwendbare Trinkhalme
- Wäscheklammern
- Seile/Bänder/Schnüre
- Knicklichter

AUS DER RECYCLING-ECKE:

- Zeitungspapier
- Pappkartons in verschiedenen Größen
- Plastikflaschen mit Deckeln
- Waschpulverdosen oder Milchpulverdosen mit kleinen Messbechern

NÜTZLICHE SPIELZEUGE (DIE ICH VIEL BENUTZE):

- Puzzles und Steckpuzzles
- viele unterschiedliche Holzbauklötze
- alles, was Buchstaben und Zahlen enthält (verwendet bei den Kleinen erst mal nur Großbuchstaben. Die Kleinbuchstaben kommen später mit dazu. Bei den Zahlen sind es 1–10, die ihr braucht) – Holzpuzzle, Badebuchstaben und -zahlen, große Puzzlematten, Magnetbuchstaben usw.; falls ihr das nicht habt, malt Buchstaben und Zahlen auf Papier oder Pappe, schneidet sie aus und nutzt Klebepads, wenn ihr sie irgendwo festkleben wollt
- verschiedene Bälle – kleine, große, weiche, harte, Flummis, Tischtennisbälle, Fußbälle usw.
- kleine Teddys, Plüschtiere und Puppen
- Knete
- etwas, auf das ihr schreiben und es sofort wieder wegwischen könnt, wie ein Whiteboard, eine Tafel oder eine Zaubertafel
- Spielzeugautos und -züge, Bagger, Trucks und andere Fahrzeuge
- Spielsand (kinetischer Bastelsand ist prima)
- Spielzeuggeschirr
- Steckbauklötze
- Musikinstrumente
- Spielzeuglebensmittel
- Spielzeugarztkoffer
- Spielzeugwerkzeugkiste

Das meiste davon, wenn nicht sogar alles, habt ihr wahrscheinlich im Haus. Ich werde euch auch immer Alternativen vorschlagen, sodass ihr nichts kaufen müsst, um dieses Buch zu benutzen.

ABCDEFG
HIJKLMN
OPQRST
UVWXYZ

DIE GOLDENE REGEL

Und hier kommt sie. Meine einzige Regel. Die goldene. Die ich bei **JEDEM SPIEL** anwende.

LASST DIE KINDER ZUM SPIEL KOMMEN.

Klatscht nicht in die Hände und ruft: »Okay, Kinder, wir spielen jetzt mal dieses unglaublich tolle Spiel!« Selbst wenn ihr das mit Oscar-verdächtiger »Das wird so toll«-Stimme ruft, werden sie es **MERKEN**. Und nicht mitspielen.

In ihren kleinen Köpfen werden sie denken: *Tja, ihr wollt mir schon wieder was beibringen. Aber nicht mit mir. So nicht. Diese Pappe, die da schon seit drei Tagen auf dem Boden liegt, ist viel spannender.*

Oder sie werden, wie beim Pappmaschee-Ballon-Desaster, um euch rumwuseln und euch schneller als ein Quizmaster mit Fragen bombardieren. Ihr werdet immer nervöser, reißt euch aber zusammen, um nicht zu brüllen: »Könnt ihr mich mal zwei Minuten in Ruhe lassen, während ich dieses **SEHR LUSTIGE** Spiel aufbaue?«

Den Stress könnt ihr euch sparen.

Bereitet das Spiel vor, wenn euer Nachwuchs sich anderweitig beschäftigt, schläft oder nicht zu Hause ist, und lasst alles liegen. **LASST ES EINFACH LIEGEN**, bis die Kids es finden und fragen: »Was ist das?« Dann könnt ihr ganz beiläufig erklären: »Das ist ein Spiel. Wollt ihr das spielen?« Und dann gehts los.

Um eure Kinder zum Spielen zu ermuntern, fangt einfach selbst zu spielen an. Wenn sie dazukommen, fragt: »Wollt ihr mitspielen?«

Wenn ihr die Neugierde eurer Kids geweckt habt, könnt ihr erklären, wie es funktioniert. Dabei ist wichtig, dass ihr es nicht perfekt vormacht. Macht Fehler, lacht, gebt lustige Geräusche von euch oder verstellt die Stimme. Zeigt den Kindern, dass es **SPAß** macht. Sie sollen denken: *Das will ich auch spielen!* Die Pädagogik spricht von selbstbestimmter Motivation. In Elternsprache bedeutet das: »Lass sie denken, dass sie die Kontrolle haben. Denn wenn ich sage, was sie tun sollen, flippen sie aus.« Wenn eure Kinder selbst entscheiden zu spielen oder nicht, übernehmen sie die Führung. Das ermutigt sie und nimmt euch den Druck, sie animieren zu müssen.

Das ist also die **GOLDENE REGEL**: Nichts beim Spielen erzwingen.

Wenn eure Kids mitmachen: Großartig! Und wenn nicht? Lasst einfach alles liegen, wenn das geht. Vielleicht spielen sie später damit. Oder auch nicht. Aber das macht nichts. Es hat ja nur fünf Minuten gekostet.

1

KLASSIKER – NEU AUFGELEGT

VERSUCH MACHT KLUG

VERSUCH MACHT KLUG

Es wird nicht immer klappen.

Euch gleich am Anfang eines Buchs voller Ideen diesen Satz um die Ohren zu hauen, fühlt sich irgendwie seltsam an. Aber ich muss ihn hier schon loswerden. Denn es wird einfach nicht immer klappen. Und das solltet ihr von Anfang an wissen.

Wenn meine zwei Kids mir eins beigebracht haben, dann, dass ihr eure Erwartungen und Vermutungen auf null runterschrauben solltet. Auf diese Weise gibt es ständig positive Überraschungen!

Wie schon gesagt, das Schöne an meiner »Das Aufbauen dauert nicht länger als fünf Minuten«-Regel ist, dass es nicht wichtig ist, ob eure Kleinen das Spiel links liegen lassen oder nur für dreißig Sekunden damit spielen oder gar keinen Spaß daran haben oder (im schlimmsten Fall) die Sachen durchs Zimmer schmeißen. Da ihr es nur fünf Minuten vorbereitet habt, ist alles schnell wieder weggeräumt.

Manchmal wird euer Kind nicht in der Stimmung sein. Manchmal wird das Spiel, das ihr ausgesucht habt, seine Fantasie nicht anregen. Jedes Kind entscheidet selbst. Das ist in Ordnung.

Wenn euer Kind nicht an dem Spiel interessiert ist, könnt ihr:
- das Spiel selbst spielen und beobachten, ob euer Kind neugierig wird;
- es für später oder den nächsten Tag stehen lassen, falls euer Kind doch noch seine Meinung ändert;
- es wegräumen und an einem anderen Tag ausprobieren.

Falls euer Kind während des Spielens das Spiel verändert und es auf seine eigene Art machen möchte, so ist das gut. Lasst es zu und beobachtet, wohin das führt. Wenn ihr zusammen darüber redet, ist das schon ein Erfolg, ganz gleich, wie das Spiel verläuft.

Wenn eure Sprösslinge auf halbem Weg entscheiden, dass sie doch nicht weiterspielen wollen, oder wenn sie anfangen, mit anderen Dingen zu spielen, weil es sie langweilt, dann lasst sie einfach in Ruhe. Es ist überhaupt nicht schlimm. Wenn eure Kids nicht spielen wollen, dann eben nicht – das Wichtigste ist, dass sie Spaß haben. Wenn sie keinen Spaß haben, hört auf.

Wenn wir zu Hause sind, versuche ich, jeden Morgen oder jeden Nachmittag ein Fünf-Minuten-Spiel mit meinen Kindern zu spielen. Je öfter ihr und eure kleinen Leute die Spiele aus diesem Buch zusammen spielt, umso schneller findet ihr die Lieblinge und Hits eurer Kinder – also die Spiele, bei denen sie strahlen und euch einen Augenblick lang das Gefühl geben, alles richtig gemacht zu haben.

Denn darum geht es: Sobald ihr etwas ausprobiert, seid ihr großartig. Das ist nämlich schon alles, was wir machen können, um sie zu motivieren. Kinder sind nun mal kleine Menschen mit eigenen Gefühlen und Befindlichkeiten. Es gibt keine Garantie, was funktioniert und was nicht. Es ist ein ständiges Probieren – und der Versuch macht klug, wenn ihr mich fragt.

Also, es wird nicht immer klappen. Probiert es trotzdem. Denn wenn es euren Kindern gefällt und ihr euch gemeinsam kaputtlacht, entsteht dieses magische Gefühl!

Falls es nach dem Spiel einen Snack geben soll, packt ihn als Erstes ein – als Überraschung am Ende!

Falls ihr nur zu zweit seid, holt ein paar Teddys oder Puppen dazu und lasst euer Kind zusätzlich ihre Rollen spielen.

Für Ältere: Verpackt Holz-, Papp- oder Magnetbuchstaben, die ein Wort ergeben. Am Ende kann euer Kind das richtige Wort daraus bilden.

1+

DAS PUZZLE-PAKET

Puzzles. Haben wir doch eigentlich alle, oder? Man legt sie einmal, dann landen sie im Regal und werden nie wieder angefasst. Also machen wir jetzt etwas Neues draus. (Mal unter uns: Wenn eure Kinder puzzeln sollen, dann legt das Puzzle irgendwohin, damit sie es finden. Sie werden es wahrscheinlich niemals aus dem Regal ziehen, aber wenn es schon da liegt, probieren sie es einfach aus – und ihr habt fünf Minuten Ruhe!)

IHR BRAUCHT:

- 1 Puzzle
- Zeitungspapier
- Klebeband
- 1 Gerät zum Musikabspielen

VORBEREITEN ...

1. Wickelt die Puzzlestücke in Zeitungspapier ein, sodass ein großes Paket entsteht. In jeder Schicht steckt ein Puzzleteil.
2. Stellt lustige Musik auf Stand-by.
3. Lasst das Paket herumstehen, sodass die Kinder es finden **(DENKT AN DIE GOLDENE REGEL!)**

SPIELEN ...

1. Setzt euch in einen Kreis, stellt die Musik an und reicht das Paket herum.
2. Stoppt unbemerkt die Musik. Wer das Paket hat, darf eine Schicht abwickeln.
3. Dann wird das Puzzlestück an die richtige Stelle gesetzt. Helft euren Kindern, wenn sie es nicht schaffen oder noch sehr klein sind.
4. Stellt die Musik wieder an und wiederholt alles. Mit jedem ausgepackten Teil vervollständigen die Kleinen das Puzzle.

Als Ewan das Zählen lernte, hat er immer die fünfzehn ausgelassen. Dieses Spiel haben wir oft gespielt, um ihm zu helfen!

Für die Kleinsten, die die Zahlen erst lernen, bekommen auch die Spielzeuge Zahlen. Dann müssen sie sie nur zuordnen.

3+

1 2 3

SPIELZEUG-TOMBOLA

Bevor Ewan in den Kindergarten kam, waren wir zum Sommerfest in seiner zukünftigen Kita eingeladen. Ich freute mich, dass sich nach dreißig Jahren nichts geändert hatte! Es gab Folkloretänze, Verlosungen und Hüpfburgen. Der Kita-Leiter machte spaßige Durchsagen über eine alte Lautsprecheranlage, die ab und an ausfiel. Alles fühlte sich so vertraut und beruhigend an. Besonders freute ich mich über den Tombolastand – die Lieblingsattraktion meiner Kindheit. Da kam mir eine Idee ...

IHR BRAUCHT:

- 1 Stift und etwas Papier
- 1 Schere
- 1 kleinen Karton, 1 Korb oder 1 Tasche
- 5, 10 oder 20 kleine Spielzeuge (so viele wie Zahlen da sind)

VORBEREITEN ...

1. Schreibt die Zahlen, die euer Kind lernt (1–5, 1–10 oder 1–20), auf Papier, schneidet jede Zahl aus.
2. Faltet die Zahlenzettel zusammen und legt sie in euren Behälter.
3. Stellt die Spielzeuge in einer Reihe auf, sodass euer Kind sie findet.

SPIELEN ...

1. Mischt die Lose und ruft: **»HEREINSPAZIERT! WER HAT NOCH NICHT? WER WILL NOCH MAL?«**
2. Bittet die Kids, je ein Los zu ziehen, es zu öffnen – das ist knifflig, aber so trainieren sie ihre Feinmotorik! – und die Zahlen zu nennen. (Helft ihnen, wenn sie unsicher sind.)
3. Sobald sie ihre Zahl wissen, zählt gemeinsam die Spielzeugreihe ab und findet heraus, welches Spielzeug sie »gewonnen« haben.
4. Nehmt das Spielzeug aus der Reihe und legt das Los mit der Zahl in die Lücke.
5. Wiederholt das Spiel, bis alle Lose gezogen sind. Bis dahin haben eure Kinder mehrmals gezählt und am Ende eine hübsche Zahlenreihe vor sich liegen!

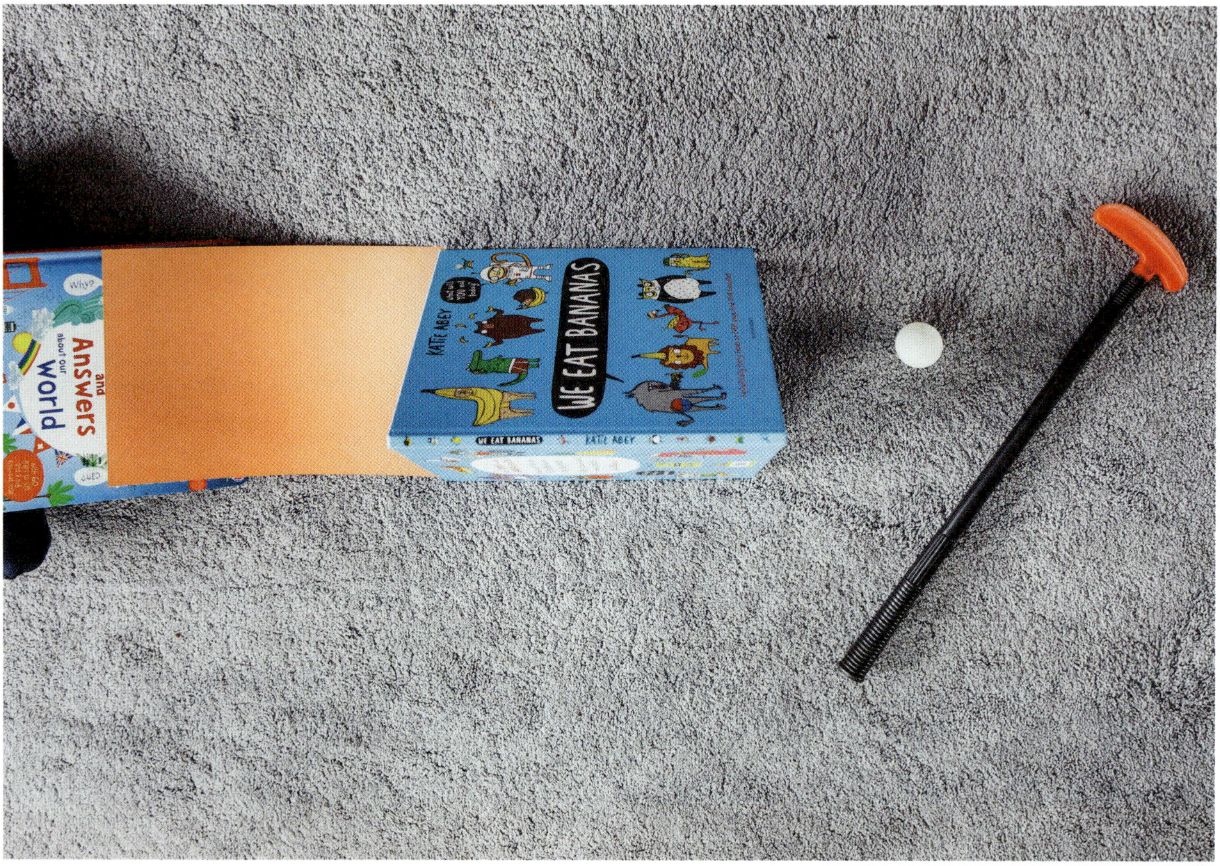

Das ist ein großartiges Spiel, um mit den Kleinen über die Bedeutung von Mehr und Weniger zu sprechen.

3+

1 2 3

INDOOR-MINIGOLF

Kennt ihr das: Am Ende der Klopapierrolle klebt immer noch ein Stück Papier an der Papprolle? Behaltet die Rolle und knüllt das Papier zu einer Kugel zusammen. Schon habt ihr zwei Teile für **VIELE** Spiele, einschließlich Golf! Als Ewan neun Monate alt war, machten wir einen Ausflug in einen Freizeitpark. Ich drückte der Oma das Baby in den Arm und spielte etwas Minigolf. Ein Schlag und sofort ein Treffer! Da hätte ich aufhören sollen, denn beim Versuch, den Ball durch einen verdammten Tunnel zu schlagen, kassierte ich kurz darauf 23 Punkte!

IHR BRAUCHT:

- 1 Becher
- viele Kissen
- ein paar große Bilderbücher
- 1 kleinen Ball
- 1 Röhre oder 1 Stock (etwas, das ihr als »Golfschläger« benutzen könnt)
- etwas, worauf ihr die Punkte schreibt

VORBEREITEN ...

1. Legt den Becher auf die Seite, sodass er als »Loch« dient. Ihr könnt ihn überall platzieren.
2. Legt mit den Kissen einen Minigolf-Parcours an.
3. Baut aus den Büchern Tunnel oder Rampen.
4. Legt Ball und Schläger an den Start und wartet, dass die Kids alles finden.

SPIELEN ...

1. Zeigt den Kindern kurz, wie gespielt wird.
2. Der oder die Erste schlägt den Ball in das Loch, während jemand anderes jeden Schlag mit einem Strich notiert.
3. Wechselt euch ab, sodass alle mal schlagen und schreiben.
4. Wer die wenigsten Striche hat, gewinnt das ganze Spiel.
5. Verändert die Lage der Kissen, Tunnel und Löcher und spielt noch mal!

Für dieses Spiel habe ich früher mal Flaschendeckel genommen und sie durchnummeriert.

Benutzt die Buchstaben aus den Namen eurer Kinder. Später setzen sie daraus ihren Namen zusammen.

RINGEWERFEN

Der Jahrmarktklassiker! Wirf einen Ring über etwas und gewinne! Wir spielen immer zwei Versionen dieses Spiels, eines mit einem großen Hula-Hoop-Reifen im Garten und eins mit kleineren Ringen drinnen. Zu Halloween flogen bei uns oft diese Knicklichter herum – drei davon ergaben mit kleinen Verbindungsstücken einen perfekten kleinen Reifen, den wir immer wieder benutzt haben.

IHR BRAUCHT:

- 5 Becher
- 5 Buchstaben oder Zahlen (wenn ihr die nicht habt, schreibt sie auf Pappe und schneidet sie aus)
- 1 Ring

VORBEREITEN ...

1. Stellt die Becher auf den Kopf. Legt die Buchstaben oder Zahlen darauf. Spielt auf dem Boden oder auf einem niedrigen Tisch, den die Kinder gut überblicken können.
2. Legt die Reifen daneben, sodass die Kinder sie finden.

SPIELEN ...

1. Eure Kleinen sollen versuchen, einen Buchstaben oder eine Zahl zu gewinnen, indem sie den Reifen über einen Becher werfen.
2. Wechselt euch ab, und wer die meisten Buchstaben oder Zahlen hat, gewinnt.

Wenn eure Kleinen Schwierigkeiten haben, einen bestimmten Buchstaben zu erkennen, schreibt ihn auf die Kärtchen neben andere, die sie gut kennen.

2+

abc

BINGO-FISCHEN

Ja, richtig gelesen! Bingo. Fischen. Zwei Aktivitäten, die bei über Siebzigjährigen sehr beliebt sind, habe ich für die Kids neu arrangiert. Denn mal ehrlich, wer spielt nicht gern Bingo? Lasst eurer Fantasie freien Lauf und denkt euch jede Menge Varianten aus, wie ihr Buchstaben aus dem »Hut« zaubert. Ihr habt keine Magnetbuchstaben? Schreibt sie auf Kärtchen und saugt sie mit einem Trinkhalm an!

IHR BRAUCHT:

- 1 Stift und Papier
- 1 Schere
- Magnetbuchstaben
- etwas Kleines aus Metall (beispielsweise eine große Büroklammer – wir haben einen Flaschenöffner benutzt)
- 1 Faden
- 1 Schüssel oder 1 Schale

VORBEREITEN ...

1. Malt mit Stift und Papier für alle Mitspielenden Bingo-Karten mit vier der verfügbaren Magnetbuchstaben. Auf jeder Karte sollten verschiedene Buchstaben stehen.
2. Bindet das Metallteil an den Faden. Das ist eure »Angel«.
3. Legt die Magnetbuchstaben in eine Schüssel und beachtet die **GOLDENE REGEL**.

SPIELEN ...

1. Alle Mitspielenden nehmen je eine Bingo-Karte. Dann wird abwechselnd mit der »Angel« ein Buchstabe aus der Schüssel gefischt.
2. Steht der Buchstabe auf der eigenen Bingo-Karte, wird er auf das Feld der Karte gelegt.
3. Wer zuerst alle vier Buchstaben der eigenen Karte zusammen hat, ruft »BINGO!« und gewinnt.

BECHERSPIELE

Manchmal habt ihr als Eltern plötzlich fünf Minuten Zeit, während ihr darauf wartet, dass das Wasser kocht oder die Wäsche fertig wird. Das ist die beste Gelegenheit für ein superschnelles Spiel, das euren Kleinen ein bisschen Aufmerksamkeit schenkt, ohne dass ihr eure Hausarbeiten aufschieben müsst. Was ihr dafür braucht? Becher!

BECHERKEGELN

IHR BRAUCHT:

- 6 Plastik- oder Pappbecher
- 1 kleinen Ball (z. B. einen Tennisball)

VORBEREITEN ...

Baut aus den Bechern auf dem Boden eine Pyramide, drei in der untersten Reihe, zwei in der Mitte, einen als Spitze.

SPIELEN ...

1. Schießt mit dem Ball die Pyramide um.
2. Wechselt euch beim Aufbauen der Pyramide ab.
3. Wenn ihr genug vom Schießen habt, versucht, den Ball zu werfen oder zu rollen oder ihn mit Kopf, Knie oder Ellenbogen zu schieben. Können die Kids den Ball von der Wand abprallen lassen und die Becher treffen?

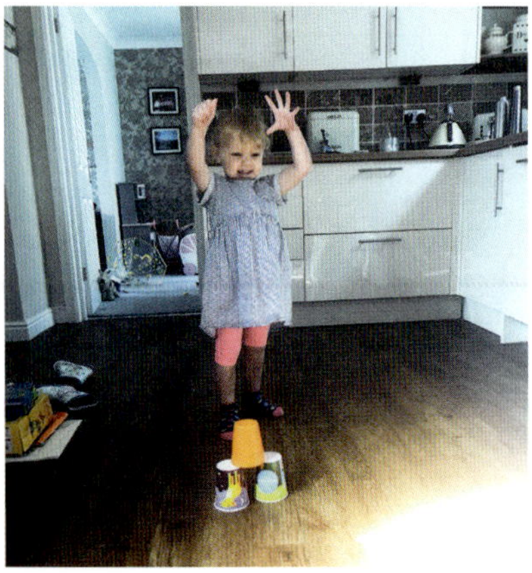

1+

BECHERWERFEN

IHR BRAUCHT:

- 5 Plastik- oder Pappbecher
- 5 Spielzeuge, Buchstaben oder Zahlen
- etwas, das eine Linie am Boden markiert, 1 Faden oder 1 Lineal
- 1 kleinen Tennisball

VORBEREITEN . . .

1. Findet eine Fläche in Bauchhöhe der Kinder – zwei Stühle nebeneinander funktionieren gut.
2. Stellt die Becher umgedreht nebeneinander auf, legt ein Spielzeug, einen Buchstaben oder eine Zahl auf jeden Becher.

SPIELEN . . .

1. Markiert am Boden, von wo aus geworfen wird.
2. Versucht, mit dem Ball die Spielzeuge, Buchstaben oder Zahlen zu treffen.
3. Wechselt euch beim Werfen ab, baut danach die Becher und Spielzeuge wieder auf.

Keine Becher im Haus? Nehmt Plastikflaschen oder leere Behälter wie Joghurtbecher oder Dosen.

Wenn ihr es gern sportlicher haben wollt, stoppt die Musik und ruft den Kindern den Buchstaben zu, den sie finden sollen – wer zuerst da ist, gewinnt!

3+

abc

BUCHSTABEN-MUSIK

Einfach ist immer das Beste. Wenn wir für ein Spiel nur Stift und Papier brauchen, bin ich happy. Kein großes Aufräumen, dafür das Gefühl, dass ich die Erziehung meiner Kinder hinbekomme, weil die zwei übers ganze Gesicht lachen. Immer wenn ich höre: »Können wir das noch mal spielen?«, ist das Musik in meinen Ohren! (Na ja, nicht immer, aber wenn ich in der Stimmung bin schon.) Apropos Musik ...

IHR BRAUCHT:

- 10 Blatt Papier
- 1 Stift
- 1 Gerät zum Musikabspielen

VORBEREITEN ...

1. Schreibt auf jedes Blatt Buchstaben. Es können die von den Namen eurer Kinder sein oder Silben (siehe S. 172 bis 175) oder sogar Wörter. Ich mische gern, indem ich sowohl Buchstaben nehme, die meine Kinder gut kennen, als auch solche, die neu für sie sind oder mit denen sie Probleme haben.
2. Verteilt die Blätter auf dem Boden.
3. Stellt die Musik auf Stand-by.

SPIELEN ...

1. Erklärt euren Kids, dass sie, solange die Musik spielt, um die Buchstaben tanzen und rennen können. Stoppt die Musik, müssen sie auf einen Buchstaben springen und ihn laut rufen. Ihr springt ebenfalls auf einen Buchstaben und ruft ihn.
2. Nehmt die Buchstaben weg, auf denen ihr steht. Dann startet die Musik wieder.
3. Spielt, bis nur noch ein »Sieger-Buchstabe« übrig ist oder alle weg sind.

Um das Spiel zu verlängern, können die Kinder hinterher mit etwas Spülmittel und einem Tuch in einer Schüssel abwaschen.

Für die Älteren: Schreibt den Namen jedes Nahrungsmittels auf die Teller, anstatt sie zu zeichnen. Oder lasst die Kinder sie selbst aufschreiben!

2+

IM RESTAURANT

Wir haben zu Hause einen Korb voller Spielzeugessen, den wir gefühlt jeden Tag herausholen. Die Kinder sind völlig begeistert davon, wenn ich Holzwürstchen esse und sage: »Mhm, wie lecker!« Nach dem fünfzehnten Mal möchte ich dann gern mein Leben mit Daddy tauschen. Damit es interessanter wird, habe ich mir ein Spiel ausgedacht ...

IHR BRAUCHT:

- 1 Stift und etwas Papier
- 5 Teller oder Schüsseln
- Spielzeugessen (wenn ihr das nicht habt, nehmt echte Lebensmittel, z. B. eine Weintraube, ein Stück Gurke oder andere Kleinigkeiten)
- 5 Plüschtiere

VORBEREITEN ...

1. Malt auf ein Blatt einen Teller oder eine Schüssel. Dann zeichnet drei der Lebensmittel auf den Teller. Zum Schluss zeichnet eins der Plüschtiere darüber.
2. Nehmt für jedes Plüschtier ein anderes Essen. Das sind ihre »Bestellungen«.
3. Setzt die Plüschtiere in eine Reihe oder in einen Korb.
4. Lasst die Teller und das Spielzeugessen zusammen mit den Bestellungen liegen.

SPIELEN ...

1. Erklärt euren Kleinen, dass die Plüschtiere im Restaurant sind und bereits »bestellt« haben.
2. Lasst die Kinder aussuchen, welches Plüschtier sie »bedienen« wollen.
3. Sucht mit den Kindern das richtige Spielzeugessen heraus und richtet es auf einem Teller an.
4. Dann »servieren« sie ihrem Plüschtier das Gericht.
5. Wiederholt das für alle Plüschtiere – am Ende können die Kinder die Plüschtiere mit ihrer Bestellung »füttern«, wenn sie wollen.

Vergesst nicht die Spiele-Klassiker wie *Reise nach Jerusalem* (hinsetzen, wenn die Musik pausiert) oder das *Stoppspiel* (unbeweglich stehen bleiben, wenn die Musik aufhört). Mein Tipp, wenn ihr euere Kids müde spielen wollt: Stellt einfach die Musik an und tanzt am Ende eurer kleinen Party den Fünf-Minuten-Boogie!

2+

PARTY-SPIELE

SCHLAGBALL

Manchmal steckt in Geschenkpapierrollen in der Mitte eine Papprolle, die Kinder zum Fechten verführt. Bewahrt sie für dieses lustige kleine Spiel auf (wenn das Fechtduell zu Ende ist, natürlich!).

IHR BRAUCHT:

- Klebeband
- 1 Papprolle
- 1 Becher
- etwas, das durch die Rolle passt (z. B. 1 Ball, 1 Spielfigur oder zusammengeknülltes Papier)

VORBEREITEN ...

1. Klebt die Rolle an eine Tür oder Wand. Hängt sie in Kinderhöhe auf – sie sollten das obere Ende mit ausgestreckten Armen gut erreichen können.
2. Stellt den Becher und den Ball oder die Spielfigur daneben auf den Boden.

SPIELEN ...

1. Erklärt euren Kids, dass sie den Ball oder das Spielzeug durch die Rolle werfen und unten mit dem Becher auffangen sollen. Sie können den Becher in der Hand halten oder ihn auf den Boden unter die Rolle stellen.
2. Sobald sie das gut können, sollen sie probieren, ob sie den Ball oder die Spielfigur mit den Händen fangen können.
3. Haben sie auch das geschafft, sollen sie das Flugobjekt mit einem Schläger (also einer zweiten Rolle oder ihren Händen) wegschlagen, bevor es den Boden berührt.

Ihr könnt auch eine Version der *Quatsch-Suppe* (S. 169) spielen: Mit verbundenen Augen ziehen die Kids drei Buchstaben, danach sehen sie, was für ein Quatschwort sie gebildet haben.

2+

GESICHTSPUZZLE

Warum ich mir dieses Spiel ausgedacht habe? Ich kann einfach keinen Esel malen! Aber Gesichter kann ich. Es ist schon verrückt, wie stark ein verregneter Novembertag mit zwei kleinen Kindern zu Hause meine Fantasie anregt – nur damit sie mit dem Quengeln aufhören!

IHR BRAUCHT:

- 1 Stift und Papier oder Pappe
- 1 Schere
- Klebepads (wenn ihr die nicht habt, tut es auch Knete)
- etwas zum Verbinden der Augen

VORBEREITEN …

1. Malt drei einfache Gesichter mit verschiedenen Merkmalen, z. B. eine breite Nase, eine spitze Nase usw. auf Papier oder Pappe.
2. Schneidet alle Teile aus und drückt jeweils ein Klebepad auf die Rückseite.
3. Malt einen ovalen Kopf auf ein großes Papier, das ihr auf Augenhöhe der Kinder an die Wand oder das Fenster heftet.
4. Klebt die ausgeschnittenen Körperteile über das ovale Gesicht.
5. Legt die Augenbinde in die Nähe.

SPIELEN …

1. Sobald die Kinder dieses Spiel entdecken, zeigt ihnen, wie sie die Augenbinde anlegen.
2. Erklärt ihnen, dass sie mit verbundenen Augen nacheinander die Körperteile nehmen und an die richtige Stelle im Gesicht setzen sollen, bis das Gesicht vollständig ist. Ihr könnt sagen, was sie genommen haben, und sie an die richtige Stelle leiten.
3. Ist ihr komisches Gesicht fertig, dürfen sie die Augenbinde abnehmen und sich kaputtlachen.

Auch in der Wohnung könnt ihr *Himmel und Hölle* mit Kreide auf glatten Böden aufmalen. Oder ihr nehmt Puzzlematten mit den Zahlen! Benutzt dann Knetkugeln, statt Kiesel.

2+

123

HIMMEL UND HÖLLE

Dieses alte Hüpfspiel habe ich natürlich nicht erfunden, aber es ist beinahe in Vergessenheit geraten. Ich habe es immer mit meiner Oma gespielt. Sie hat die Kästchen mit Kreide auf den Weg vor ihrem Haus gemalt und wir sind gute zehn Minuten zusammen gehüpft. Ich weiß nicht, ob es offizielle Regeln gibt, aber so haben Oma und ich es gespielt und hatten immer Spaß dabei.

IHR BRAUCHT:

- Kreide
- ein paar Kiesel

VORBEREITEN ...

1. Malt ein Kästchenraster auf den Boden.
2. Legt die Kiesel daneben.

SPIELEN ...

1. Stellt euch abwechselnd vor das erste Kästchen, dann werft einen Kiesel. Ziel ist es, alle Zahlen nacheinander mit dem Kiesel zu treffen – also fangt bei 1 an, dann kommt die 2 und so weiter.
2. Landet euer Kiesel im richtigen Kästchen, dann hopst ihr auf einem Bein durch das Raster, OHNE das Kästchen zu berühren, in dem der Kiesel liegt. Wenn ihr wackelt und den anderen Fuß absetzt, müsst ihr die Zahl noch einmal machen.
3. In jedem Kästchen darf jeweils nur ein Fuß den Boden berühren. Liegen zwei Kästchen direkt nebeneinander, dürft ihr breitbeinig hineinspringen (je ein Fuß in einem Kästchen).
4. Auf dem Rückweg sammelt euren Kiesel wieder ein – ohne den Fuß abzusetzen. Es gewinnt, wer zuerst alle Zahlen geschafft hat.

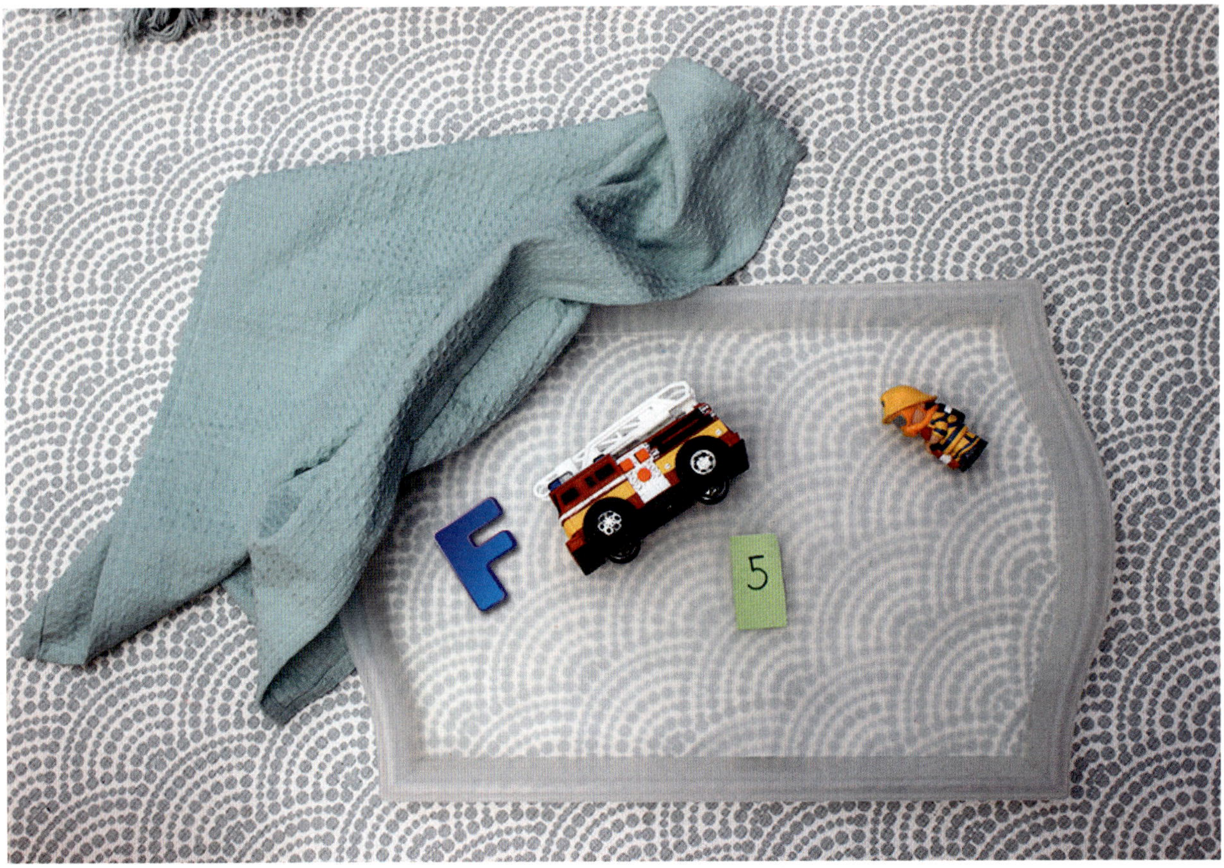

Erweitert das Spiel, indem euer Kind die vier Teile aussucht, und ihr ratet, welches fehlt.

2+

WAS FEHLT HIER?

Dieses lustige Spiel ist perfekt für die ganz Kleinen, die gerade zu sprechen anfangen. Ich entdeckte es bei einer Fortbildung wieder, und als ich es in der Kita spielte, waren die Kinder begeistert. Als Ewan Schwierigkeiten hatte, das F auszusprechen, habe ich ihn damit zum Üben ermutigt, ohne dass er es gemerkt hat.

IHR BRAUCHT:

- 4 kleine Dinge (für Ewan habe ich lauter Dinge ausgesucht, die mit F anfangen – die Zahl Fünf, ein Feuerwehrauto usw. – aber ihr könnt natürlich alles querbeet nehmen, wenn ihr keinen bestimmten Buchstaben üben wollt)
- 1 Tablett
- 1 Geschirrtuch

VORBEREITEN ...

1. Legt die Dinge auf das Tablett und deckt sie mit dem Tuch zu.
2. Stellt es an einen Ort, wo euer Kind es finden wird.

SPIELEN ...

1. Hat euer Kind das Tablett entdeckt, dann hebt das Geschirrtuch und zeigt ihm die Dinge. Kann es alle benennen?
2. Nun bittet es, die Augen zu schließen. Nehmt einen Gegenstand vom Tablett und deckt die restlichen wieder zu.
3. Bittet euer Kind, die Augen aufzumachen und das Tuch hochzunehmen. Erkennt es, was ihr weggenommen hat? Als Erinnerung könnt ihr zusammen alle Gegenstände aufzählen.
4. Wenn es herausgefunden hat, was fehlt, fangt von vorn an und nehmt ein anderes Teil weg.

Ihr solltet genug Papier dahaben, damit eure Kids ihre eigenen Papierflieger falten können.

Experimentiert mit Haftnotizen oder Klebeband an verschiedenen Stellen: Fliegen sie dann besser?

2+

abc

123

PAPIERFLIEGER

Ein echter Klassiker! Die haben wir doch als Kinder alle gebaut, oder? Wenn ihr nicht über eine Lieblingsfalttechnik verfügt, findet ihr auf der gegenüberliegenden Seite meine Variante. Ich benutze dafür Tonpapier, damit werden die Flieger stabiler.

Übrigens könnt ihr für viele Spiele in diesem Kapitel anstelle von Bällen auch diese Flieger benutzen – z. B. könnt ihr Becher auch mit einem ordentlichen Flieger umwerfen (S. 24). Hier kommen zwei meiner liebsten Flieger-Spiele.

IHR BRAUCHT:

- dünne Pappe oder Papier
- Stifte
- 1 Schere

VORBEREITEN (SPIEL 1) ...

1. Faltet für alle Mitspielenden je einen Flieger – in meiner oder eurer Technik.
2. Schreibt auf Kärtchen oder Papier einige Buchstaben und Zahlen, schneidet sie aus.
3. Knickt die Zettel so, dass die Buchstaben oder Zahlen aufrecht stehen.
4. Reiht die Buchstaben und Zahlen auf einem Hocker oder dem Couchtisch auf. Das sind eure »Ziele«.

VORBEREITEN (SPIEL 2) ...

1. Faltet für alle Mitspielenden je einen Flieger – in meiner oder eurer Technik.
2. Schreibt auf Kärtchen oder Papier einige Buchstaben und Zahlen. Das sind eure »Flughäfen«.
3. Stellt die Flughäfen im Zimmer auf das Sofa oder auf den Boden.

SPIELEN ...

Startet abwechselnd eure Flieger und schießt die Ziele ab oder landet auf einem Flughafen.

Ihr könnt Klebeband als Wäscheleine benutzen, auch wenn die Zettel anders daran hängen.

Für die Kleinsten: Wollen kleinere Kinder mit ihren älteren Geschwistern spielen, dann legt ein paar alte Tücher oder Socken bereit und lasst sie die aufhängen.

3+

abc

AN DIE WÄSCHELEINE

Dieses Spiel entstand während einer heftigen Hitzewelle im Sommer. Wir verbrachten viele sonnige Tage im Garten – mein liebster Ort zum Spielen –, machten aber nicht viel mit Buchstaben, weil ich das Planschbecken immer wieder aufpumpen und meine Süßen ständig mit Schutzfaktor 50 eincremen musste. Irgendwann stöberte ich im Geräteschuppen nach Dingen für ein Spiel, für das wir uns hinterher mit einem Eis belohnen würden!

IHR BRAUCHT:

- 1 lange Leine
- etwas, das zwei »Pfosten« ergibt – ich habe Stühle benutzt, aber ihr könnt die Leine auch zwischen Bäumen oder Stöcken spannen
- 1 Stift und etwas Papier (ich habe Haftnotizen benutzt)
- 1 Schere (wenn ihr keine Haftnotizen habt)
- ein paar Wäscheklammern

VORBEREITEN ...

1. Spannt eure »Wäscheleine« auf.
2. Schreibt die Buchstaben der Namen eurer Kinder auf je einen Zettel oder eine Haftnotiz. Ich habe Ewans ganzen Namen aufgeschrieben, aber nehmt einfach so viele Buchstaben, wie eure Kinder meistern können.
3. Mischt die Buchstaben und legt sie auf die Erde neben die Leine mit den Klammern.

SPIELEN ...

1. Erklärt euren Kids, dass sie die Buchstaben ihres Namens in der richtigen Reihenfolge an die Leine hängen sollen. Ihr könnt ihnen beim Suchen der Buchstaben ein bisschen helfen und fragen: »Was kommt dann?«
2. Wäscheklammern zu benutzen, trainiert die Muskelkraft in den Händen. Und genau die brauchen wir zum Schreiben.
3. Falls sich die Zettel aufrollen, hängt eine zweite Wäscheklammer an den unteren Rand. Wenn ihr Haftzettel benutzt, könnt ihr sie von unten an die Leine klemmen, sodass sie über der Leine in die Höhe ragen (so wie auf dem Bild unten links auf der gegenüberliegenden Seite).

Jetzt seid ihr die Spürnasen! Wenn eure Kinder das Spielzeug gefunden haben, verstecken sie es und legen Spuren für euch aus.

Sollen eure Kinder sich bewegen, dann lasst sie Treppen rauf- und runterlaufen und wieder zurück. So dauert das Spiel gleich viel länger!

Ihr könnt natürlich so viele Hinweise auslegen, wie ihr wollt. Ihr braucht Zeit für eine Tasse Kaffee? Dann schreibt fünfzehn verschlüsselte Hinweise!

DIE SPÜRNASEN

Das habe ich als Kind oft gespielt. Für meine Freundinnen, die nach der Schule zu mir kamen (es gab jedes Mal Fischstäbchen und Pommes – juhu!), habe ich Hinweise im und ums Haus versteckt. Meine Freundin Sarah und ich haben es immer mit unserem Lieblingsplüschigel gespielt, während ihre kleine Schwester Alice mit ihrem rollenden Holzigel mitmachen wollte. Wenn wir großzügig waren, durfte Alice dabei sein. In Erinnerung an die beiden, habe ich hier eine Version für alle entwickelt!

IHR BRAUCHT:

- 1 Plüschtier
- Kinderscheren
- Stift und Papier
- 1 Lupe (optional)

VORBEREITEN ...

1. Versteckt das Plüschtier irgendwo im Haus. Lasst eurer Fantasie freien Lauf und hängt es z. B. an die Gardinenstange ... oder versteckt es hinter dem Fernseher.
2. Schneidet fünf Zettel zurecht und nummeriert sie von 1 bis 5. Auf die Rückseite schreibt einen Hinweis darauf, wo der nächste Zettel zu finden ist. Zettel 1 verweist also auf Nr. 2 und so weiter. Auf Zettel Nr. 5 schreibt den Hinweis auf das Versteck des Plüschtiers. Wenn euer Kind noch klein ist, zeichnet Bilder – die Badewanne, die Waschmaschine usw. Lernen eure Kinder gerade lesen, schreibt zusätzlich das Wort, können sie schon lesen, reicht das Wort.
3. Platziert den ersten Hinweis an der Haustür, zusammen mit der Lupe (wenn ihr eine habt) und einem Zettel mit der Botschaft: »Dein Kuscheltier ist entführt worden!«
4. Verteilt die übrigen Hinweise an den richtigen Stellen im und ums Haus.

SPIELEN ...

1. Sobald eure Kids den Zettel und den Hinweis an der Eingangstür finden, lest ihn gemeinsam. Sagt: »O nein! Wir müssen das Plüschtier retten! Ihr seid die Spürnasen und müsst nach Hinweisen suchen!«
2. Helft den Kindern beim Entschlüsseln des ersten Hinweises: »Welche Zahl kommt danach? Wo könnte sie sein?« Haben sie es herausgefunden, schickt sie los.
3. Lasst sie die restlichen Hinweise allein finden, wobei sie kreuz und quer durch die Wohnung laufen. Jüngere brauchen eventuell Hilfe – ich habe für meine Kinder unterschiedliche Hinweisketten geschrieben und Flo bei der Suche geholfen, während Ewan allein unterwegs war.
4. Am Ende befreit ihr das Kuscheltier: Gefunden! Hurra!

Ihr könnt die Teller abwechselnd schubsen, wenn ihr wollt, doch ich lasse es die Kinder gleichzeitig machen. Das ist zwar chaotisch, aber total lustig!

3+

abc

123

TELLERSCHUBSEN

Es gibt in England ein traditionelles Spiel, bei dem die Spielenden mit der flachen Hand Münzen über ein Holzbrett gleiten lassen. Dieses Brett ist durch horizontale Linien unterteilt. Für jeden Bereich zwischen zwei Linien gibt es unterschiedlich viele Punkte. Ziel ist es, die Münzen genau zwischen zwei Linien zu platzieren und die meisten Punkte zu sammeln. Dies hier ist meine Version für die Kleinen!

IHR BRAUCHT:

- Kreppklebeband
- Kreide
- Stift und Papier
- für alle Mitspielenden je 1 Plastikteller oder 1 Wurfscheibe

VORBEREITEN ...

1. Klebt mit Kreppband sechs Linien auf einen glatten Fußboden. Die Streifen zwischen den Linien sollten etwas breiter sein als der Durchmesser der Teller, sodass auf jeder Seite noch etwas Platz bleibt. Das sind die Spielfelder.
2. An die Enden jedes Streifens schreibt etwas, das eure Kinder lernen sollen – Zahlen, Formen, Buchstaben, Wörter, Silben oder was auch immer. Ich habe für Flo die Zahlen 1 bis 5 auf die eine Seite geschrieben, für Ewan ein paar einfache Wörter. Wenn Kreide auf eurem Boden nicht hält, malt alles auf Zettel.
3. Schreibt die Namen eurer Kinder auf ein Extrablatt – das ist die Punktekarte. Wenn eure Kleinen noch nicht schreiben können, malt die Dinge in den Streifen auf das Blatt, sodass sie diese einfach umkreisen oder ankreuzen können.

SPIELEN ...

1. Erklärt euren Kindern, dass sie ihren Teller so anschubsen müssen, dass er genau zwischen zwei Linien landet, ohne diese zu berühren.
2. Landet der Teller in so einem Streifen, können sie das, was an der Seite geschrieben steht, auf die Punktekarte schreiben oder wegstreichen.
3. Es gewinnt, wer zuerst alle fünf Streifen getroffen hat.
4. Spielt, bis alle ihre fünf Objekte zusammenhaben, dann wischt die Kreideschrift weg und schreibt neue Buchstaben, Zahlen oder Wörter auf. Und weiter gehts!

FÜNF TIPPS, UM SPRACHE UND SPRECHEN ZU FÖRDERN

Wie bei allem in der kindlichen Entwicklung ist es ganz unterschiedlich, wann Kinder anfangen zu sprechen und wie schnell sich ihre Sprachfähigkeiten entwickeln. Jedes Kind hat dabei seine eigene Geschwindigkeit. Aber natürlich haben wir alle Freundinnen oder Freunde, die uns erzählen, wie weit ihr kleiner Jonny schon ist: »Er kann schon bis 10 zählen, auf Mandarin! Neulich sollte ich ihm *Krieg und Frieden* als Gutenachtgeschichte vorlesen!«

Falls ihr euch um die Sprachentwicklung eures Kindes Sorgen macht, dann sprecht mit der Kinderärztin, dem Kinderarzt oder den Erzieherinnen und Erziehern in der Krippe. Diese Profis helfen euch für den Fall, dass euer Kind wirklich zusätzliche Hilfe benötigt, bei der Suche nach einer Logopädiepraxis.

Wenn ihr euer Kind zu Hause beim Sprechenlernen unterstützen wollt, so sind die Fünf-Minuten-Spiele ein guter Anfang. Während meiner Arbeit als Teaching Assistent habe ich in Weiterbildungen erfahren, wie ich Kinder mit Sprech- und Sprachstörungen fördern kann. Ich bin zwar keine Logopädin, dennoch habe ich meine Spiele so entwickelt, dass sie euren Kleinen zu Hause auf einem vergnüglichen **FÜNF-MINUTEN-WEG** beim Sprechenlernen helfen!

Mit diesen fünf einfachen Tricks helfe ich meinen Kleinen beim Sprechen:

1. DIE PAUSE

Gemeinsam Bücher zu lesen ist einer der besten Wege, um Sprache zu entwickeln. Damit die Kinder zu plappern anfangen, nutze ich »die Pause«. Dafür braucht ihr nur ein Bilderbuch, das ihr häufig lest, und das eine gereimte Geschichte erzählt. Wenn ihr am Ende einer Zeile ankommt, macht eine Pause. Lasst euer Kind den Satz vollenden. Ihr könnte als Hilfe auf die Bilder im Buch zeigen.

2. KINDERLIEDER SINGEN

Singt fünf Minuten am Tag mit euren Kindern Kinderlieder. Nehmt die Kinder dabei so auf euren Schoß, dass ihr euch gegenseitig anseht. So können die Kleinen beobachten, wie ihr die Lippen bewegt. Das bewirkt schon viel.

3. AUF AUGENHÖHE

Spielt auf Augenhöhe mit euren Kindern. Wenn ihr mit Autos, Puppen oder Ärztin und Krankenpfleger spielt – was auch immer euer Kind am meisten liebt –, legt euch auf den Bauch und begebt euch auf ihre Höhe!

4. VORBILD

Wenn euer Kind etwas falsch sagt, wiederholt das Wort einfach auf die richtige Art, indem ihr es in einen eigenen, bestätigenden Satz einbaut. So zeigt ihr ihm, wie es richtig klingt, ohne dass ihr es beschämt und sein Vertrauen zerstört. Sagt es etwa: »Ich bin zum Slitten gerennt!«, erwidert einfach: »Ja, ich hab' gesehen, wie du zum Schlitten gerannt bist. Du warst ganz schnell!« Hört sich banal an – und das ist es auch –, aber Eltern brauchen für die einfachsten Dinge oftmals nur einen kleinen Anstoß, nicht wahr? So ist es jedenfalls bei mir.

5. LOSPLAPPERN!

Redet mit euren Kids über das, was ihr gerade tut, wenn ihr den Geschirrspüler ausräumt, das Bett macht oder sie anzieht. Beschreibt die Dinge, die ihr seht, wenn ihr mit den Kleinen draußen seid. Redet, redet, redet! Das ist einfach und effektiv.

2

BUCHSTABEN UND ZAHLEN KENNENLERNEN

VERBORGENES LERNEN

VERBORGENES LERNEN

Sobald die Zeit des Windelwechselns und Bäuerchenmachens vorbei ist, fragt ihr euch: **UND WAS JETZT?** Vielleicht sollen eure Kinder etwas Sinnvolles lernen, beispielsweise wie ihr Name geschrieben aussieht, aber sie sollen nicht **MERKEN**, dass sie etwas lernen. Denn ihr wisst ja, was passiert, wenn ihr Dreijährigen sagt, was sie machen sollen: All eure Bitten (wie beispielsweise sich anzuziehen oder etwas anderes als Pommes zu essen) prallen an ihnen ab, als hättet ihr Beyoncé gefragt, ob sie auf einem Campingplatz auftreten will.

Aber wer kann den Kleinen schon einen Vorwurf machen? Wenn es um Spaß geht, ist – meiner Meinung nach – nichts so frustrierend wie der Begriff »pädagogisch wertvoll«. Das gilt für Erwachsene genauso wie für Kinder. Ich habe noch nie eine Fortbildung besucht und gedacht: **HURRA, DAS IST HEUTE EIN PÄDAGOGISCH WERTVOLLER SPASS!** Mir ist ein Tag voller Müßiggang (mit kühlen Getränken auf der Sonnenliege), bei dem ich so ganz nebenbei etwas lerne (»Wenn du mir sagst, was acht mal sechs ist, Daisy, darfst du noch zehn Minuten länger in der Sonne bleiben!«), natürlich auch lieber. Meine Kinder sind genauso.

Also seid raffiniert! Die Leute fragen mich oft, wie man die Kleinen zum Lernen animieren soll, und meine Antwort lautet immer: »Was machen sie am liebsten?« Das ist alles, was ihr wissen müsst. Findet eure Wege, das Lernen in den Spielspaß einzubinden. In diesem Kapitel stelle ich euch alle möglichen Arten vor, wie das geht. Aber ihr könnt euch auch eigene Spiele ausdenken, wenn ihr eine tolle Idee habt. Es ist ganz einfach, wenn man es erst mal kapiert hat. Schaltet einfach auf Kreativmodus um!

BUCHSTABEN UND ZAHLEN

Vielleicht fragt ihr euch, wann Kinder am besten mit dem Lernen von Zahlen und Buchstaben anfangen sollten. Meine Antwort: an Tag eins. Damit meine ich natürlich nicht, dass ihr beim Anblick eures süßen Neugeborenen sofort rufen sollt: »Hey, Baby! Dein Name fängt mit einem E an!« Ich meine damit, dass Zahlen und Buchstaben Teil ihres Lebens sein sollten. Die Gelegenheiten sind da – selbst wenn ihr es nicht gleich merkt. Sobald ihr euren Kindern ein Buch vorlest, fängt dieser Lernprozess an. Wenn ihr beim Treppensteigen die Stufen zählt, bringt ihr ihnen etwas bei. Wenn ihr mit ihnen Kinderlieder singt wie *Alle meine Entchen*, beweist ihr, dass ihr **TOTAL GROßARTIGE ELTERN** seid.

Sobald diese Dinge zum täglichen Leben eurer Kinder dazugehören, werdet ihr ganz automatisch merken, wann sie sich intensiver dafür interessieren. Dann fragen sie vielleicht: »Was steht auf dem Schild da?« oder »Wie viel ist das?«. Das ist dann **EUER STICHWORT**, die Spiele aus diesem Kapitel auszuprobieren. Eure Kinder können sie in jedem Alter spielen, meine waren ungefähr drei, als diese Spiele ihre Neugierde weckten. Bis Ewan das mit den Buchstaben richtig kapiert hatte, war er vier, Flo war etwas jünger, aber dafür hatte sie es nicht so mit Zahlen. Jedes Kind macht alles in seinem ganz eigenen Tempo. Wetteifern in der Kindererziehung ist zwecklos – und kein Erwachsener prahlt damit, dass seine Kids schon mit drei Jahren mit einer Schere umgehen können! Lasst euch wie immer von den Kindern leiten.

Ich hoffe, dass in diesem Kapitel für alle etwas dabei ist. Meine eigenen und andere Kinder haben mich zu diesen Spielen inspiriert. Es sind Spiele für Jüngere, die still glücklich sind, wenn sie sich eine Geschichte ansehen, wie auch für all die, die gern mit Sachen umherwerfen und möglichst viel Krach machen. Wir alle sind ganz verschieden, und so sollten auch unsere Lernwege sein.

Eine Rampe oder eine Straße zum Parkplatz macht das Ganze noch spannender!

Dieses Spiel könnt ihr mit der *Buchstaben-Rennbahn* (S. 75) kombinieren.

2+

abc

ABC-PARKPLATZ

Eine Zeit lang interessierte sich Ewan nur für Fahrzeuge. Sobald etwas Räder hatte, war er sofort dabei. Sonst maulte er. Zu Hause haben wir Züge, Trucks, Bagger, Trecker und Autos in Hülle und Fülle. Trotzdem flitzte Ewan in der Spielgruppe immer sofort zur Spielzeugeisenbahn oder suchte Spielzeugautos. Er war völlig verrückt danach! Der Versuch, ihn für eine Puppe zu begeistern, ging gnadenlos schief. Um ihn für das Abc zu interessieren, musste ich also irgendwie Fahrzeuge und Buchstaben kombinieren.

IHR BRAUCHT:

- 1 Stück Pappe (die glatte Innenseite einer Cornflakes-Schachtel ist super)
- 1 Stift
- etwa 5 Spielzeugautos

VORBEREITUNG ...

1. Zeichnet ein Raster mit fünf Kästchen in der Waagerechten und sechs in der Senkrechten (insgesamt dreißig) auf die Pappe. Die Kästchen müssen groß genug für die Spielzeugautos sein.
2. Schreibt in jedes Kästchen einen Buchstaben des Abc. Ihr könnt sie in alphabetischer Reihenfolge oder bunt durcheinander schreiben, vier Kästchen im Raster bleiben frei.
3. Stellt die Autos neben das Pappraster und folgt der **GOLDENEN REGEL**.

SPIELEN ...

1. Erklärt euren Kindern, dass sie die Autos einparken müssen. Macht es ihnen vor und sagt beispielsweise: »Ich parke dieses Auto auf dem Platz mit dem R.« Dann fahrt das Auto in das entsprechende Kästchen.
2. Nun parken eure Kinder die Autos. Wenn sie den Buchstaben nicht nennen, auf dem sie es abstellen, ist es nicht schlimm – sagt dann einfach etwas wie: »Du hast das Auto auf dem F abgestellt.« Ihr könnt sie auch fragen: »Wo soll das grüne Auto parken?«
3. Lasst eure Kinder zum Parken die Buchstaben ihres Namens finden.

Falls eure Kinder schon etwas schreiben können, lasst sie sechs Buchstaben schreiben, die sie auf den von euch ausgelegten Büchern finden.

Bastelt eure eigene »Lupe«: Schneidet eine aus Pappe aus.

3+

abc

BUCH-SPÜRNASEN

An einem Sommertag hatte ich Flo endlich dazu gebracht, Mittagsschlaf zu machen (yippie, gewonnen!). Ich brauchte fünf Minuten, um dieses Spiel für Ewan unter einem großen Sonnenschirm vorzubereiten. Während wir spielten, haben wir Eis am Stiel geschleckt, dann habe ich ein Sonnenbad genommen, solange Flo noch schlief. Ohne Schuldgefühle. Manchmal ist es echt hart eine Vollzeit-Mum zu sein, aber in Momenten wie diesen ist es der beste Job der Welt.

IHR BRAUCHT:

- 6 Bücher
- 1 Stift und Papier
- 1 Lupe (optional)

VORBEREITEN ...

1. Legt die Bücher auf den Boden, sodass die Cover gut zu erkennen sind.
2. Schreibt sechs Buchstaben, die auf den Büchern zu finden sind, auf das Blatt Papier. Zeichnet neben jeden Buchstaben ein Kästchen.
3. Wenn ihr eine Lupe habt, legt sie neben die Bücher und die Buchstaben.

SPIELEN ...

1. Erklärt euren Kindern, dass sie alle Buchstaben finden müssen, die auf dem Blatt stehen. Dafür müssen sie die Buchcover mit der Lupe (wenn ihr eine habt) genau untersuchen. Lasst die Kids den ersten Buchstaben aussuchen.
2. Wenn sie den Buchstaben gefunden haben, setzen sie ein Häkchen in das entsprechende Kästchen.
3. Sobald sie alle Buchstaben gefunden haben, fragt sie, ob sie das Spiel noch mal spielen möchten. Falls ja, dreht das Blatt um und schreibt auf die Rückseite die nächsten sechs Buchstaben. Wenn nicht, sucht euch gemeinsam eines der Bücher aus und lest es.

Wenn ihr schnell genug seid, tauscht den Buchstaben mit einem kleinen Spielzeug und freut euch über den überraschten Blick eurer Kleinen!

2+

abc

DER MAGISCHE BECHER

Zu diesem Spiel hat der Großvater von Ewan und Florence mich inspiriert. Er zaubert sehr gern für die begeisterten Kinder. Er weiß, dass sie nicht mehr lange an seine »Zauberkünste« glauben werden. Aber bis dahin will er auftrumpfen! Florence hat mal versucht, seinen Trick nachzumachen, bei dem er ein Auto in den Baum wirft, und es dann wie von Zauberhand hinter seinem Rücken hervorholt – aber sie warf ihr Auto wirklich und es ging kaputt. Verblüfft sagte sie mit großen Augen: »Ich kann das nicht!« Bestimmt wird Opa eines Tages sein magisches Geheimnis mit ihr teilen, aber noch tun wir alle so, als wären wir genauso überrascht wie sie.

IHR BRAUCHT:

- 3 gleiche, blickdichte Papp- oder Plastikbecher
- 5 Plastik-, Papier- oder Magnetbuchstaben

VORBEREITEN ...

1. Stellt die Becher verkehrt herum in einer Reihe an die Tischkante.
2. Legt fünf Buchstaben daneben.

SPIELEN ...

1. Bittet eure Kleinen, sich einen Buchstaben auszusuchen, und legt ihn unter einen Becher.
2. Verschiebt die Becher und bringt sie durcheinander.
3. Fragt euer Kind, unter welchem Becher wohl der Buchstabe ist. Schaut nach. Wenn der Buchstabe nicht da ist, darf es einen anderen Becher wählen. Findet es den Buchstaben, feiert das und legt ihn zur Seite.
4. Wählt den nächsten Buchstaben und versteckt ihn unter einem Becher.
5. Bringt die Becher durcheinander, doch dieses Mal lasst den Buchstaben unbemerkt herausfallen. Versteckt den Buchstaben in eurer Hand.
6. Fragt euer Kind, unter welchem Becher der Buchstabe ist. Wenn es ihn nicht findet, tut so, als ob er hinter dem Ohr eures Kindes steckt. HOKUSPOKUS FIDIBUS!
7. Wiederholt das mit allen fünf Buchstaben. Jedes Mal taucht der Buchstabe an einem anderen Ort wieder auf – unter dem Stuhl, auf dem Tisch oder (wenn ihr euer Kind ablenkt!) unter einem anderen Becher.

Schreibt Zahlen auf euren Kreisel und benutzt ihn anstelle eines Würfels bei anderen Spielen.

3+

BUCHSTABEN-KREISEL

Auch wenn es nicht so scheint, aber ich bin keine »Bastel-Mama«. Eltern, die mit ihren Kindern basteln, sind großartig, aber mehr als das hier bekomme ich nicht hin. Ich bastele nicht gern mit meinen Kids, weil ich festgestellt habe, dass die Kleinen umso weniger Zeit mit dem verdammten Zeug verbringen, je länger ich alles vorbereiten (und später wieder sauber machen) muss. Wer ist noch meiner Meinung? Sobald ich mit zusammengebissenen Zähnen frage: »Willst du WIRKLICH kein Bügelperlenbild mehr anfangen, Schatz?«, steigt in mir die Wut hoch. Hier ist meine Lösung: **FÜNF-MINUTEN-BASTELN**.

IHR BRAUCHT:

- 1 Lineal
- je 1 Pappe für alle Mitspielenden
- ein paar Filzstifte
- 1 Schere (und Kinderscheren, wenn eure Kids ihre Kreisel selbst ausschneiden)
- spitze Bleistifte
- Papier

VORBEREITEN ...

1. Zeichnet mit dem Lineal und einem Stift ein Sechseck auf Pappe. Zieht dafür drei gleich lange Striche, die sich in der Mitte kreuzen, sodass sechs gleiche Tortenstücke entstehen. Verbindet die Enden der Striche mit Linien.
2. Schreibt je einen Buchstaben in jedes der Tortenstücke.
3. Je nachdem, was eure Kinder schon können, zeichnet weitere Sechsecke, oder zeichnet eines mit gepunkteten Linien vor, das die Kids nachziehen. Ihr könnt auch ein paar Linien auf der Pappe auslassen, die die Kinder dann ergänzen.
4. Schneidet das Sechseck aus und bohrt den spitzen Bleistift durch den Mittelpunkt, sodass sich das Sechseck mit dem Stift dreht. Das ist der Buchstaben-Kreisel.
5. Schreibt die Buchstaben eures Kreisels auf ein Blatt Papier und zeichnet Kästchen neben jeden Buchstaben. Macht das für alle Mitspielenden.

SPIELEN ...

1. Zeigt den Kindern euren Buchstaben-Kreisel, helft ihnen, ihren eigenen zu machen. Wenn es nötig ist, helft ihnen beim Zeichnen, Ausschneiden und Durchstechen.
2. Sind die Kreisel fertig, bringt sie zum Drehen.
3. Kreuzt auf dem Blatt den Buchstaben an, auf dem der Kreisel liegen bleibt (also auf der Seite, die den Boden berührt).
4. Es gewinnt, wer zuerst alle Buchstaben angekreuzt hat!

1+

abc

123

SCHATZSUCHE

Dies war eine meiner ersten Ideen auf meinem Blog. Alles begann mit einem Steckpuzzle – so eins mit Figuren und Formen, bei denen die Kinder die Teile in die richtige Aussparung setzen müssen. Die sind großartig für die ersten feinmotorischen Bewegungen und fürs Sprechenlernen. (Außerdem ist es super-süß, kleine Patschhändchen dabei zu beobachten.) Aber was, wenn eure Kids diese Puzzles perfekt können? Gebt ihr sie einfach weg? Nicht so schnell! Ihr könntet sie noch benutzen.

IHR BRAUCHT:

- 1 Steckpuzzle
- *oder* kleine Spielzeuge, 1 Stift und Papier, wenn ihr kein Puzzle habt

VORBEREITEN ...

1. Wenn ihr so ein Puzzle nicht habt, zeichnet die Umrisse der Spielzeuge mit dem Stift auf das Papier.
2. Versteckt die Puzzleteile oder die Spielzeuge im Raum.
3. Lasst das leere Puzzlebrett oder das bemalte Papier gut sichtbar zurück.

SPIELEN ...

Erklärt euren Kindern, dass sie im Zimmer nach den fehlenden Teilen suchen und sie das Puzzle vervollständigen müssen – und zwar so schnell wie möglich!

VARIATIONEN

Ja, es ist so einfach! Hier kommen noch ein paar Ideen für Buchstaben und Zahlen:

1. Benutzt ein Puzzle, bei dem die Teile Buchstaben oder Zahlen sind.
2. Ihr könnt Buchstaben und Zahlen auch dann benutzen, wenn ihr kein Buchstabenpuzzle habt. Schreibt einfach die Buchstaben auf Zettel, die zu den Bildern auf dem Brett passen, also: Wenn es ein Auto, ein Haus und einen Ball gibt, schreibt ihr A, H und B. Schneidet die Buchstaben so aus, dass sie in die Aussparungen im Brett passen. Wenn euer Kind dann das Haus-Puzzleteil findet, könnt ihr sagen: »Was ist das wohl für ein Buchstabe?« Dann muss es auf dem Brett nach dem H und der richtigen Form suchen.
3. Genauso könnt ihr das mit Zahlen machen. Schreibt so viele Zahlen auf Zettelchen, wie es Puzzleteile gibt, und legt sie in die leeren Aussparungen. Findet euer Kind ein Teil, könnt ihr sagen: »Du hast die 4 gefunden, das Auto.« Ihr könnt nachsehen, welche Zahlen noch fehlen, und wenn ihr bei der letzten seid, fragt ihr beispielsweise: »Wir brauchen noch die 8 – was könnte das wohl sein?«

Ihr könnt dieses Spiel und seine Varianten auch mit Zahlen, anstatt mit Buchstaben spielen!

Es gibt unendlich viele Möglichkeiten für dieses Spiel! Schaut einfach, wofür eure Kleinen sich interessieren, und macht mit dem weiter, was ihnen gefällt.

3+

abc

ZIELÜBUNG

Einmal, als Ewan drei war und ich keine Lust auf die üblichen Spiele hatte, schrieb ich E, W, A, N auf vier alte Tapetenstücke und hängte sie draußen an die Wäscheleine. Dann gab ich Ewan seine Schaumstoffrakete und fragte ihn, ob er etwas echt Cooles sehen wollte. Er rannte zu den Buchstaben, schoss auf sie und lachte fröhlich. Ich rief dabei: »Du hast das E aus deinem Namen getroffen!« Und: »Ja, das war das A!« Etwa einen Monat später malte er ein perfektes E. »Mama«, erklärte er, »das ist das E für Ewan.« Ich platzte fast vor Freude. Also, wenn ihr euch fragt, ob fünf Minuten ausreichen: Ja, das tun sie!

IHR BRAUCHT:

- etwas, worauf ihr die Buchstaben aus dem Namen eures Kindes schreiben könnt
- etwas zum Werfen oder Abschießen, wie einen kleinen Ball, einen Jonglierball, einen Schwamm oder einen Papierflieger

VORBEREITEN ...

1. Hängt die Buchstaben da auf, wo genügend Platz ist – an die Wäscheleine, in die Äste der Bäume, pinnt sie an die Wand oder an einen Schrank.
2. Lasst das Wurfgerät in der Nähe liegen.

SPIELEN ...

1. Erklärt euren Kindern, dass sie die Buchstaben treffen sollen. Wenn sie einen erwischen, ruft ihn laut heraus!
2. Können sie so ihren Namen schreiben?

VARIATIONEN

Diese Varianten habe ich mit meinen beiden Kids gespielt:

1. Kreidebuchstaben draußen auf Boden oder Wand mit nassen Schwämmen bewerfen. **PLATSCH!**
2. Papierbuchstaben an einen Zaun kleben und mit farbgetränkten Schaumstoffraketen beschießen.
3. Am Strand Buchstaben in den Sand malen und Steine werfen.
4. Buchstaben auf Pappen schreiben. Diese knicken, aufstellen und mit dem Fußball abschießen.
5. Buchstaben auf Plastikbecher kleben. Diese umgekehrt auf ein Regal stellen und mit Bällen abwerfen.

Um die Neugierde der Kinder zu wecken, setzt Passagiere auf die Buchstaben ihres Namens.

DER ABC-ZUG

Alle einsteigen! Ewan war früher verrückt nach *Lokomotive Thomas & seine Freunde*. Mein Mann und ich können immer noch den Titelsong singen. (Und da behaupte mal jemand, Kinder zerstören die Romantik!) Jedenfalls war die Kombination aus Lok und Buchstaben einfach perfekt, damit Ewan auch beim Spielen etwas lernte. Na, wer von euch hat beim Abendessen schon mal ein langes Gespräch über »Thomas, die Lokomotive« geführt, obwohl keine Kinder anwesend waren?

IHR BRAUCHT:

- Puzzlematten mit den Buchstaben von A bis Z (wenn ihr die nicht habt, schreibt die Buchstaben auf große Zettel)
- 5 Plüschtiere
- 1 kleinen Wagen oder Waggon, wenn ihr einen habt (optional)

VORBEREITEN …

1. Legt eine Abc-Spur durch eure Wohnung, indem ihr die Puzzlematten verbindet oder das Alphabet auf 26 Blatt Papier schreibt. Das sind eure »Gleise«.
2. Setzt 5 Plüschtiere auf 5 Buchstaben. Das sind eure »Passagiere«.
3. Stellt den Wagen oder Waggon an den Anfang der Gleise (wenn ihr ihn benutzt).

SPIELEN …

1. Erklärt den Kindern, dass sie der Zug sind, und der Wagen ist der Waggon, in dem sie sitzen. Der »Zug« muss auf den Schienen fahren – und dabei »Tschutschuuu« machen – und an allen Bahnhöfen halten, wo ein Passagier wartet.
2. Sobald sie halten, sagt den Buchstaben des Bahnhofs. Zum Beispiel: »Ihr habt am Bahnhof F gehalten! Alles einsteigen!« Dann besteigt der Passagier den Zug und weiter geht es zur nächsten Station.
3. Wenn sie alle Passagiere eingesammelt haben, können die Kinder die Fahrgäste an anderen Bahnhöfen aussteigen lassen. Dort seid ihr dann der Zug. Aber sagt immer die Buchstaben, während ihr die Gleise entlangzuckelt. **ZUCKEL, ZUCKEL.**

Füllt ein Planschbecken mit Wasser und fischt mit einem Kescher die Bälle heraus. Behaltet eure Kleinen immer im Auge, wenn sie mit Wasser spielen!

Für die Kleinen, die die ersten Buchstaben lernen: Schreibt die Buchstaben ihres Namens auf Zettel und legt sie in die Mulden der Muffinform. Sie sollen zu den Buchstaben auf den Bällen passen.

Für die Kleinsten: Bittet sie, Bälle in einer bestimmten Farbe zu finden und die anderen wegzupacken.

Für Ältere: Schreibt verschiedene Buchstaben auf die Bälle, dann bittet die Kinder daraus Wörter zu bilden.

1+

abc

BÄLLE-SALAT

Keine Sorge, dieses Spiel hat nichts mit den schrecklichen Bällebädern zu tun oder dem, was man auf deren Grund so alles findet! Viele Eltern, die ich kenne, haben irgendwann mal einen großen Sack voller Bälle gekauft. Die sind echt nützlich, vor allem, wenn man noch nicht genug zum Saubermachen hat und ständig Bälle unter dem Sofa hervorkehren will. Normalerweise landet der vermaledeite Bällesack deshalb in der hintersten Ecke bei all dem Zeug, mit dem eh nicht mehr gespielt wird ..., aber ta-daaa! Ich habe eine Verwendung für sie gefunden!

IHR BRAUCHT:

- 1 Sack voller Bälle
- 1 Behälter, in den alle Bälle hineinpassen (z. B. 1 leeres Planschbecken, 1 große Schüssel oder 1 Eimer)
- 1 dicken Filzstift
- 1 Stift und Papier
- 1 Muffinform oder Papp- bzw. Plastikbecher
- 1 Löffel oder 1 Kelle pro Kind

VORBEREITEN ...

1. Tut alle Bälle in euren Behälter.
2. Schreibt auf einige Bälle mit dem Filzstift je einen Buchstaben der Namen eurer Kinder. Je nachdem wie vertraut sie damit sind, könnt ihr auch euren Nachnamen dazunehmen.
3. Stellt die Muffinform daneben.

SPIELEN ...

1. Erklärt euren Kindern, dass sie mit dem Löffel oder der Kelle aus dem Ball-Salat die Bälle mit den Buchstaben fischen müssen.
2. Sie dürfen aber immer nur einen Ball herausholen. Wenn der Ball keinen Buchstaben trägt, ruft: »Wirf ihn weg!«, und lasst die Kinder ihn wegwerfen. Trägt der Ball einen Buchstaben, sollen sie ihn in die Muffinform oder in die Becher fallen lassen – und zwar in der richtigen Reihenfolge ihres Namens.

Je vertrauter eure Kinder mit dem Abc sind, umso mehr Buchstaben könnt ihr benutzen. In dem Mix sollte es aber immer Buchstaben geben, die sie sehr gut kennen.

3+

DIE HUNGRIGE HANDPUPPE

Je alberner ihr euch bei diesen Spielen anstellt, umso mehr Spaß haben die Kids! Macht absichtlich Fehler, verstellt eure Stimme und lasst euch auf den Humor eurer Kinder ein, dann lachen sie sich ganz schnell kaputt. Spaß ist das oberste Ziel aller Fünf-Minuten-Spiele. Das Spielen sollte Freude machen – alles weitere ist nur ein Bonus. Seid bei diesem Spiel einfach sehr, sehr albern, denn fünf Minuten Albernheit können wir in dieser ernsten Welt alle gut vertragen!

IHR BRAUCHT:

- 1 große alte Socke oder 1 Ofenhandschuh oder 1 Handpuppe
- 1 Paar Wackelaugen zum Aufkleben (optional) oder 1 dicken Filzstift
- 1 Stift und Papier
- 1 Schere

VORBEREITEN ...

1. Klebt auf die Socke oder den Handschuh ein Augenpaar (oder malt sie auf) und eine Zunge. Wenn ihr eine Handpuppe habt, nehmt die.
2. Schreibt jeden Buchstaben des Namens eures Kindes auf je ein Blatt Papier und schneidet sie aus.

SPIELEN ...

1. Stellt eure Puppe vor. Gebt ihr einen lustigen Namen, bewegt beim Sprechen ihren Mund. Erzählt, dass diese Puppe **SEHR** hungrig ist und gern Buchstaben futtert. Fangt z. B. so an: »Heute hab' ich Appetit auf ein ... G!« (Oder wählt irgendeinen anderen Buchstaben.)
2. Die Kinder sollen die Puppe dann mit dem Buchstaben füttern. Wenn sie den richtigen bringen, lasst die Puppe sagen: »Njam, njam, njam, lecker!« Wenn sie ihr den falschen anbieten, macht die Puppe: »Igitt! Bäh!« Und spuckt ihn wieder aus.
3. Spielt so lange, bis alle Buchstaben »aufgegessen« sind. Dann rülpst die Puppe laut und spuckt den Kindern all die Buchstaben wieder entgegen.
4. Nun dürfen die Kinder die Puppe spielen.

3+

WISCH ES WEG!

Eine meiner Regeln ist ja, dass das Spiel genauso schnell weggeräumt ist, wie vorbereitet. Hier ist das Wegräumen das Spiel. Eine echte Win-win-Situation, denn man kann den Kids nie früh genug das Aufräumen beibringen! Das Spiel ist eine einfache und lustige Idee, wie ihr eure Kinder zum Lesen animiert, ohne dass sie es merken.

IHR BRAUCHT:

- etwas zum Schreiben, das sich leicht wieder wegwischen lässt – Kreide, Whiteboard-Marker, Pastellkreiden, Rasierschaum
- etwas zum Abwischen – Küchenkrepp, Schwamm, Schwammtücher, Putzlappen

VORBEREITEN ...

1. Schreibt den Namen eurer Kinder oder ein paar Buchstaben oder Zahlen auf.
2. Lasst die Putzsachen daneben liegen.

SPIELEN ...

1. Erklärt euren Kindern, dass sie das Geschriebene wegwischen sollen.
2. Ihr könnt es als Wettkampf gestalten oder einfach die Buchstaben oder Zahlen rufen, die sie wegwischen sollen.

VARIATIONEN

So habe ich mit meinen beiden dieses Spiel variiert:

1. Meine Kinder versuchen, die Buchstaben so schnell wieder verschwinden zu lassen, wie ich sie schreibe.
2. Auf dem Boden benutze ich Kreide und die Kids »malen« mit Wasser darüber (entweder mit einem Pinsel oder mit ihren Händen).
3. Mit einem Whiteboard-Marker schreibe ich auf ein bodentiefes Fenster oder eine Tür, und die Kinder machen mit Küchenkrepp sauber.
4. Im Sand benutze ich ein Hölzchen, und die Kids verwischen alles mit Händen und Füßen.
5. Pastellkreide funktioniert auf einer Gartentür, die Kinder machen mit Feuchttüchern sauber.
6. Mit Rasierschaum sprühe ich auf die gekachelte Badzimmerwand oder die Duschabtrennung, und die Kinder putzen mit einem Schwamm alles weg.

Wenn ihr Maismehl als »Zucker« benutzt, entsteht »Glibbertee«, mit dem man hinterher gut spielen kann.

Das kann ziemlich matschig werden, also legt lieber ein Handtuch oder eine Plastikdecke unter.

2+

123

EIN LÖFFELCHEN VOLL ZUCKER

Florence kocht gern Tee. Sie hat eine Sammlung an Teeservices im ganzen Haus, und wenn ich ihr eines hinstelle, spielt sie damit ganz für sich länger als zehn Minuten. Herrlich! So wie Ewan mit seinen Zügen, wollte ich für Flo eine spaßige Variante für ihr Lieblingsspielzeug finden und ihr dabei ein paar Zahlen näherbringen.

IHR BRAUCHT:

- 4 Blatt Papier
- 1 Stift
- 4 Plüschtiere
- 1 Teeservice (wenn ihr keines habt, benutzt eine kleine Schüssel, Plastikbecher und Teelöffel)
- 1 Tablett
- etwas Wasser
- etwas Mehl

VORBEREITEN ...

1. Malt auf jedes Blatt eine Tasse und die Zahlen von 1 bis 4. Das sind eure vier »Bestellungen«.
2. Setzt vier Plüschtiere für die Teestunde um ein Tablett mit dem Teeservice herum.
3. Legt eine Bestellung neben jedes Plüschtier.
4. Füllt die Teekanne mit Wasser
5. Füllt etwas Mehl in eine Zuckerdose.

SPIELEN ...

1. Erklärt, dass die Plüschtiere eine Tee-Party feiern. Zeigt eurem Kind die Bestellungen.
2. Es sucht sich ein Plüschtier und seine Bestellung aus. Zeigt ihm, wie es Wasser in die Tassen füllt und gebt die Anzahl der Teelöffel Zucker hinein, die das Plüschtier bestellt hat. (Die Zahl ist die Bestellung.) Zählt gemeinsam die Teelöffel.
3. Hat euer Kind den Tee gemacht und die richtige Anzahl Zuckerlöffel hineingetan, reicht die Tasse dem Plüschtier. »Ah, lecker! Danke!«, sagt das Plüschtier.
4. Wiederholt alles mit den anderen Plüschtieren.

Wenn ihr keinen Karton habt, nehmt eine alte Tapetenrolle. Einzelne Rollen könnt ihr günstig im Baumarkt kaufen.

1+

abc

BUCHSTABEN-RENNBAHN

Große Pappkartons sind cool. Ihr braucht nur einen in Richtung eurer Kinder werfen, und schon könnt ihr euch einen Kaffee kochen. So wie bei Seifenblasen sind Kinder ganz verrückt nach großen Kartons. Und wenn sie damit zu Ende gespielt haben, schneidet ihn auseinander, legt ihn auf den Boden und schon habt ihr die perfekte Rennstrecke!

IHR BRAUCHT:

- 1 großen Pappkarton
- 1 Stift
- je 1 Spielzeugauto für alle Mitspielenden

VORBEREITEN ...

1. Schreibt den Namen eures Kindes auf die aufgeklappte Pappe, sodass die Buchstaben wie eine Straße aussehen.
2. Wenn ihr wollt, könnt ihr den *Abc-Parkplatz* (S. 53) an einem Ende hinzufügen.
3. Stellt die Autos daneben.

SPIELEN ...

1. Alle Mitspielenden suchen sich ein Auto aus und fahren die Buchstaben-Straßen entlang. Nennt euren Kindern die Buchstaben, auf denen sie fahren.
2. Wenn ihr den Abc-Parkplatz aufgebaut habt, parkt dort die Autos.
3. Ihr könnt auch euren Namen neben den eurer Kinder schreiben und ein Wettrennen veranstalten!
4. Oder klebt einen Stift hinten an die Autos, dann können sie ihren Weg aufzeichnen oder eigene Wege malen.

Damit es schwieriger wird, baut zwei »Fallen« ein!

Wenn eure Kids die Geschichte *Die drei Ziegenböcke* kennen, spielt mit einem Troll, anstatt mit einem Krokodil.

DIE FALLE

Das ist ein Spiel für Regentage. Ich habe es an einem trüben Mai-Nachmittag in meinem Wohnzimmer erfunden, nachdem ich sagte: »So, der Fernseher wird jetzt ausgemacht!« – und sofort dachte: »Hilfe! Was machen wir denn jetzt?« Ich suchte nach einer Inspiration, nach etwas, bei dem ich nicht viel tun musste. Und was fand ich? Kissen. Wir hatten gerade ***PETER PAN*** gesehen, und das Krokodil ist unsere absolute Lieblingsfigur. Wie wäre es also, wenn das hungrige Kroko zum Spielen käme?

IHR BRAUCHT:

- 5 kleine Kissen
- 1 Stift und Papier

VORBEREITEN …

1. Legt die Kissen in einer Reihe im Raum aus, zwischen dem Sofa und einem Stuhl oder zwei Stühlen – das ist eure »Brücke«, und der Fußboden ist das »Wasser«.
2. Schreibt auf fünf Zettel, was eure Kleinen lernen sollen – die Buchstaben ihres Namens, Zahlen, Wörter, Silben (siehe S. 172 bis 175). Irgendwas! Für alle Mitspielenden gibt es fünf solcher Zettel.
3. Verteilt die Zettel auf den Kissen.

SPIELEN …

1. Abwechselnd versuchen die Mitspielenden, die Kissen-Brücke zu überqueren. Doch vorher erklärt ihnen, dass eins der Kissen eine Falle ist!
2. Sagt: »Auf dem Kissen mit der Falle liegt …«, dann nennt ihr das Wort, den Buchstaben oder die Zahl auf dem Kissen. Bei Ewan habe ich beispielweise gesagt: »Das Wort ‚Oma' ist die Falle.«
3. Helft euren Kids, alle Wörter zu lesen, damit sie die Falle finden. Haben sie sie entdeckt, überqueren sie die Brücke und springen vorsichtig über die Kissen-Falle.
4. Währenddessen tut ihr so, als wärt ihr das hungrige Krokodil, das nur darauf wartet, dass ein Fuß vom Kissen abrutscht und im Wasser landet.
5. Ist das Kind auf der anderen Seite angekommen, kann es umkehren, wobei ihr ein neues Wort als Falle auswählt. Oder das nächste Kind ist an der Reihe.
6. Tritt ein Kind doch mal auf das Fallen-Kissen, so schnappt das Krokodil zu und zieht das Kind ins Wasser. Unser Kroko ist SEHR kitzlig!
7. Überquert so oft die Brücke, bis alle Kissen-Fallen überwunden sind, und schon haben eure Kids richtig viel gelesen, ohne es überhaupt zu merken.

Für die Älteren: Steckt die Buchstaben eines Wortes in einen Ballon – sobald die Kids den Ballon platzen lassen, müssen sie aus den Buchstaben das richtige Wort bilden!

2+

abc

PENG!

Falls eure Kinder Angst vor platzenden Luftballons haben, eignet sich dieses Spiel nicht für sie. Aber einige der Kleinen sind ja totale Draufgänger und begeistert von jedem Knall! Und dieses Spiel ist ein Knaller! Damit habe ich meine 20 000 Follower auf Instagram gefeiert. Immer, wenn ich etwas eher Peinliches verkünden will, mache ich das mit Hilfe eines Spiels – das lenkt alle ein bisschen ab, sodass niemand denkt: *Wie egozentrisch ist die denn?!*

IHR BRAUCHT:

- 1 Stift und Papier
- ein paar Luftballons

VORBEREITEN ...

1. Schreibt die Buchstaben, die eure Kinder lernen sollen, auf kleine Zettel – die Buchstaben ihrer Namen, neue Buchstaben oder die, mit denen sie Probleme haben.
2. Faltet die Zettel ganz klein und stopft je einen in einen schlaffen Luftballon.
3. Blast die Ballons auf und bindet sie zu.

SPIELEN ...

1. Erklärt euren Kindern, dass sie die Ballons platzen lassen müssen, um ihr Geheimnis zu lüften. Wie kann man Ballons zum Platzen bringen?
2. Sobald sie einen Ballon haben platzen lassen, bittet sie, aus den Buchstaben Wörter zu bilden. Können sie ihre Namen buchstabieren?

Ihr könnt auch einen langen Papierstreifen an die Wand kleben und darauf schreiben.

3+

ZAHLEN-SPRINGEN

Dieses Spiel ist toll, wenn man eine große Tafel oder eine abwaschbare Wand im Haus hat. In meinem Traumhaus würde ich auf so einer Wand bestehen, doch bis dahin begnüge ich mich mit der Tür des Geräteschuppens. Das ist völlig okay.

IHR BRAUCHT:

- Kreide
- 1 springenden Ball (optional)

VORBEREITEN ...

1. Malt eine senkrechte Linie auf Wand oder Tür und schreibt die Zahlen von 1 bis 5 (oder bis 10 oder 20, je nachdem, wie weit euer Kind ist) untereinander daran entlang. Die 1 sollte auf Kniehöhe eurer Kinder sein, die höchste Zahl dort, wo sie noch mit der Hand hinkommen, wenn sie hochspringen.
2. Lasst die Kreide und den Ball (wenn ihr einen benutzt) daneben liegen.

SPIELEN ...

1. Erklärt euren Kindern, dass sie mit der Kreide in der Hand hochspringen und neben die Zahl, die sie erreichen, einen Strich malen sollen. Welche Zahl schaffen sie? Diese Zahl sollen sie laut sagen.
2. Haben die Kinder alle für sie erreichbaren Zahlen abgestrichen, gebt ihnen den Ball. Vielleicht treffen sie damit eine der höheren Zahlen. Oder ihr hebt sie hoch, damit sie die Zahlen abstreichen können.
3. Spielt so lange, bis alle Zahlen markiert sind.

Wenn ihr keine Muffinform zur Hand habt, könnt ihr auch ein Tablett nehmen und die Buchstaben hineinlegen.

3+

abc

BUCHSTABEN-HALDE

Noch ein Zug-Spiel! Langsam ist wohl klar, dass Ewan es nicht so mit Buchstaben, dafür aber mit Zügen hat, oder? Hier kommt also noch ein lustiges Tschuutschu-Spiel. Wie ihr ja wisst, zwinge ich meine Kids niemals (oder bitte sie auch nur), die Buchstaben zu »lernen«, aber als Ewan in die Kita kam, kannte er fast das ganze Alphabet. Warum also »unterrichten«, wenn ihr fünf Minuten spielen könnt?

IHR BRAUCHT:

- 1 Spielzeugzug mit Güterwaggons – wenn ihr den nicht habt, nehmt 1 Bagger oder 1 Lastwagen.
- Magnet- oder Pappbuchstaben
- 1 Muffinform
- 1 Schere
- 1 Stift und Papier

VORBEREITEN ...

1. Baut eine kleine Gleisrunde auf und setzt den Zug und die Waggons darauf. Die Waggons sollten so groß sein, dass die Buchstaben hineinpassen.
2. An einer Stelle der Gleise stapelt alle Magnetbuchstaben. Das ist eure »Halde«.
3. Stellt die Muffinform an eine andere Stelle der Gleise. Dort ist die »Verladestation«, und die Mulden sind die »Container«.
4. Schneidet zwölf Zettelchen in Größe der Mulden der Muffinform zurecht. Schreibt je einen Buchstaben auf einen Zettel und legt jeden in eine der Mulden.

SPIELEN ...

1. Erklärt euren Kindern, dass der Zug eine wichtige Aufgabe hat: Er muss alle Buchstaben aus der Halde holen und zu den Containern bringen.
2. Spielt gemeinsam und ladet so viele Buchstaben auf die Waggons wie möglich.
3. Wenn die Buchstaben bei den Containern ankommen, bittet euer Kind, die Buchstaben in die richtigen Fächer zu sortieren. Die Buchstaben, die nicht auf den Zetteln in den Mulden stehen, fahren zurück zur Halde.
4. Spielt so lange, bis alle notierten Buchstaben verladen sind.

MAMA
MAMA
FLORENCE,
FLORENCE

SORTIER-SPIELE

Manchmal sind die einfachsten Spiele so naheliegend, dass wir gar nicht mehr an sie denken. Als Eltern kämpfen wir im Kinderalltag ständig mit Töpfchen und gesundem Essen, das wir dann vom Boden kratzen müssen. Beständig murmeln wir: »Hilfe!« – oder rufen: »Wo sind deine **SCHUHE**?« Bei all diesem Stress macht selbst das kreativste Hirn mal schlapp. Dann brauchen wir einfach nur jemanden, der sagt: »Wie wärs damit?«

NAMEN SORTIEREN

IHR BRAUCHT:

- 1 Stift und Papier
- 1 Schere
- 1 Schüssel

VORBEREITEN …

1. Schreibt eure Namen zweimal auf Papier.
2. Schreibt die Namen eurer Kinder zweimal auf Papier.
3. Schneidet jeweils einen der Namen in seine einzelnen Buchstaben.
4. Faltet die Buchstaben zusammen und werft sie in die Schüssel.
5. Legt die vollständigen Namen daneben.

SPIELEN …

1. Zieht abwechselnd einen Buchstaben aus der Schüssel.
2. Legt ihn zu den Buchstaben des vollständigen Namens.
3. Macht so lange weiter, bis alle Namen wieder komplett sind.

1
1
3
3
2
2
4
4

3+

1 2 3

ZAHLEN-PAARE-MEMO-SPIEL

IHR BRAUCHT:

- DIN-A4-Blätter oder dünne Pappe
- 1 Schere
- 1 Stift

VORBEREITEN ...

1. Faltet das DIN-A4-Blatt dreimal, damit ihr acht gleiche Rechtecke bekommt wie auf dem Foto gegenüber.
2. Schneidet die Rechtecke aus.
3. Bildet Zahlenpaare; schreibt also die 1 auf zwei Rechtecke, auch die 2 auf zwei von ihnen und so weiter bis 4.
4. Mischt die Karten und dreht sie um, sodass die Zahlen nicht zu sehen sind.

SPIELEN ...

1. Deckt abwechselnd jeweils zwei Karten auf. Findet ihr zwei gleiche Zahlen, dürft ihr die Karten behalten.
2. Spielt bis ihr alle Paare gefunden habt. Es gewinnt, wer die meisten Karten einsammelt.

ABCDEF
GHIJKLM
NOPQRST
UVWXYZ
ABCDEF
GHIJKLM
NOPQRST
UVWXYZ

BUCHSTABE
DES
TAGES

3+

abc

BUCHSTABE DES TAGES

Jeden Sommer spiele ich im Monat vor Schulbeginn mit meinen Kids *Buchstabe des Tages*. Wer mir in den sozialen Netzwerken folgt, kennt das schon!

Ich habe damit kurz vor Ewans Einschulung begonnen, um ihn auf nette Art ein bisschen an das tägliche Lernen zu gewöhnen und ihn auf seine neue Umgebung und den neuen Alltag einzustimmen. Jeden Morgen ziehen wir einen Buchstaben des Abc aus einem Beutel und spielen damit ein kleines Fünf-Minuten-Spiel. Wir haben so auch mit dem Schreiben angefangen. Ich bereite immer eine kleine Überraschung für hinterher vor, als eine Art Schulstart-Adventskalender.

Ewan hat das geliebt. Als dann der Tag kam, an dem ich ihn an der Schultür verabschiedete, hatte ich das Gefühl, ihn für das erste Schuljahr gut vorbereitet zu haben. Und das schafft ihr auch.

IHR BRAUCHT:

- alle Buchstaben des Alphabets, ganz gleich, in welcher Form – aus Holz, Moosgummi, magnetische oder auf Papier geschriebene
- 1 Karton oder 1 Beutel, in den alle Buchstaben passen
- 1 Stift und Papier
- 1 kleine Überraschung (optional)

VORBEREITEN ...

1. Tut alle Buchstaben in den Karton oder den Beutel.
2. Lasst ihn dort, wo ihr ihn jeden Tag benutzen könnt.

SPIELEN ...

1. Jeden Morgen zieht euer Kind einen Buchstaben. Sagt ihm, was es gezogen hat und wie dieser Buchstabe klingt. (Mehr zu Buchstaben und Lauten auf S. 173.) Sprecht ihn in lustigen Quatschversionen aus. Wie kann er auch noch klingen?
2. Nun schreibt zusammen den Buchstaben. Ihr schreibt ihn vor, euer Kind malt ihn ab. Schreibt Groß- und Kleinbuchstaben.
3. Jetzt sucht in der Wohnung etwas, das mit diesem Buchstaben beginnt oder den Laut im Wort hat. Bei einem H findet ihr beispielsweise einen Hasen aus Plüsch, während der Nixen-Badeschwanz für das X steht. Macht den Klang im Wort deutlich.
4. Dann kann euer Kind ein Bild von dem gefundenen Objekt malen.
5. Als Abschluss bekommt euer Kind die kleine Überraschung.

Es gibt im Netz viele weitere Anregungen dazu, sucht einfach nach »Buchstabe des Tages« oder »Buchstabe der Woche«.

HIER KOMMEN 26 IDEEN ZUM AUSPROBIEREN!

1. Bildet aus allen Schuhen im Haus einen riesigen Buchstaben.
2. Malt mit einem Stöckchen den Buchstaben in den Sand oder in den Matsch.
3. Sucht den Buchstaben im Scrabble-Spiel. Wie viele davon gibt es dort?
4. Malt den Buchstaben mit Kreide auf den Küchenfußboden.
5. Legt den Buchstaben aus Kieseln.
6. Geht spazieren und sucht auf den Nummernschildern der Autos nach ihm.
7. Schreibt den Buchstaben mit Rasierschaum auf den Spiegel im Bad.
8. Schreibt den Buchstaben mit weißem Wachsmalstift auf Papier, dann malt ihn mit Wasserfarben an. Was passiert?
9. Malt den Buchstaben mit dem Finger auf ein Tablett voller Mehl.
10. Schreibt den Buchstaben nur mit Wasser und einem Pinsel auf Pappe.
11. Legt den Buchstaben aus Spielzeugautos, Zügen, Puppen oder Plüschtieren.
12. Schreibt den Buchstaben mit einem Whiteboard-Marker auf die Fensterscheibe, und euer Kind wischt ihn weg.
13. Trampelt den Buchstaben am Strand in den Sand.
14. Sucht den Buchstaben in eurem Lieblingskinderbuch.
15. Bittet euer Kind, den Buchstaben mit seinem Körper zu bilden. Macht Handyfotos davon und zeigt ihm, wie es aussieht.
16. Geht spazieren und sucht auf Straßenschildern nach dem Buchstaben.
17. Legt den Buchstaben aus Hölzchen.
18. Klebt ein Blatt unter die Tischplatte und schreibt den Buchstaben blind.
19. Nehmt eine Zeitung oder Zeitschrift und einen Textmarker, lasst euer Kind den Buchstaben überall, wo er auf einer Seite vorkommt, markieren.
20. Lasst euer Kind den Buchstaben so klein und so groß wie möglich schreiben.
21. Legt den Buchstaben aus Spielzeugessen auf eine Picknickdecke.
22. Schneidet den Buchstaben gemeinsam aus einem Zettel aus.
23. Klebt eine Rennbahn aus Kreppband in Form des Buchstabens.
24. Malt die Umrisse von mehreren Buchstaben auf ein Blatt, euer Kind malt den Buchstaben des Tages bunt an.
25. Legt den Buchstaben aus den Lieblingskeksen eures Kindes als Snack.
26. Schreibt ein Blatt voller Buchstaben und markiert mit einem Textmarker den Buchstaben des Tages.

FÜNF TIPPS FÜR FREIES SPIELEN

Freies Spielen bedeutet, dass eure Kinder allein losspielen. Ohne Hilfe, Anleitung oder Kommentare finden sie ihren eigenen Weg, Dinge zu entdecken und zu erkunden. Zunächst einmal: Freies Spielen ist für eure Kinder **GENAUSO** wichtig wie das Spielen mit euch. Sie brauchen diese Zeit für sich, genauso wie die Zeit, in der sie mit euch reden, spielen oder lesen. Ihr müsst nur das richtige Gleichgewicht finden.

Langeweile feuert kleine Gehirne an, sich etwas auszudenken. Eure Kinder brauchen Raum und Freiheit, um sich selbst zu entdecken. Wenn sie ständig jemand anleitet, wie sollen sie dann herausfinden, was sie schon alles selbst können? Dinge allein zu machen, schenkt ihnen Vertrauen in sich selbst und ihre Entscheidungen.

WIE ERMUTIGT IHR KINDER ZU FREIEM SPIELEN? HIER FÜNF IDEEN

1. SPIELT EIN FÜNF-MINUTEN-SPIEL

Bevor sich euer Kind selbst etwas ausdenkt, spielt mit ihm ein Fünf-Minuten-Spiel. Schenkt ihm eure volle Aufmerksamkeit. Danach könnt ihr Pause machen, denn euer Kind hatte eine schöne Zeit mit euch. Ihr habt es nicht ignoriert, und das hält die elterlichen Schuldgefühle in Grenzen. Sobald ihr eurem Kind gezeigt habt, wie man spielt, macht es viel eher allein weiter.

2. »ICH HABE ZU TUN, GEH SPIELEN.«

Nachdem meine Kids und ich gespielt haben, erkläre ich ihnen, dass ich etwas erledigen muss, und gehe in einen anderen Raum. Wenn sie trotzdem wieder zu mir kommen, sage ich ihnen: »Mama hat zu tun. Geh spielen.« Ich WIEDERHOLE das jedes Mal, wenn sie kommen, während ich meine Aufgaben erledige. Irgendwann gehen die Kleinen dann spielen. Ich sehe ihnen gern dabei zu, wie sie bessere Spiele erfinden, als ich es JE könnte. Vielleicht fühlt ihr euch schlecht dabei, aber sobald ihr seht, was sie sich ausdenken, wisst ihr, dass es sich gelohnt hat. Sie brauchen nur eure Ermutigung. Haltet durch!

3. BEREITET ETWAS VOR

Oft lege ich drei Spielzeuge heraus. Nichts Großes! Ich suche einen (nicht so unordentlichen) Platz im Haus, krame z. B. ein paar Puppen, ein paar Steckbauklötze und den Kasten mit den Spieltieren hervor. Das dauert nur fünf Minuten, aber damit schafft ihr eine sogenannte »Einladung zum Spiel«. Eure Kinder werden mit diesen Sachen viel eher spielen, weil sie sie sehen. Auf einen geschlossenen Spielzeugschrank zu zeigen, führt eher dazu, dass sie quengeln und sagen: »Mir ist so langweilig!« Kinder sind faul. Macht es ihnen einfach. Macht es euch selbst einfach.

4. NUTZT EINEN TIMER

Timer sind großartig, um eurem Nachwuchs ein Gefühl für Zeit zu vermitteln. Fangt klein an. Legt ein paar Spielsachen heraus, zeigt auf den Timer und erklärt den Kindern, wie es geht. Sagt: »Ich habe zu tun, so lange der Timer läuft.« Dann stellt fünf Minuten ein und legt ihn gut sichtbar hin. Im Laufe der Zeit, wenn sie es verstanden haben, könnt ihr die Zeitspanne langsam hochschrauben. Über den Daumen gepeilt: Mit zwei Jahren können sie zehn Minuten frei spielen; mit drei etwa zwanzig Minuten; mit vier eine halbe Stunde. (Das habe ich, glaub ich, aus einer Fernsehsendung über Kinder!)

5. STÖRT SIE NICHT

Weil wir ja so wundervolle und bemühte Eltern sind, kommentieren wir oft das, was unsere Kinder gerade spielen: »Das ist ja ein toller Turm!« – »Was ist das denn für ein Auto?« – »Du kannst aber toll mit Bauklötzen spielen!« Wir können einfach nicht anders! Das ist ein ganz natürlicher Reflex, und Reden ist extrem wichtig für die Entwicklung eines Kindes. Aber wenn es um das freie Spielen geht, ist es manchmal besser, nichts zu sagen. Wenn euer Kind gerade völlig ins Spiel vertieft ist, beobachtet es einfach aus der Entfernung und lasst es spielen. Das müsst ihr natürlich nicht jedes Mal, aber wenn es so richtig von etwas gefangen ist, lasst es einfach in seiner Welt.

»DU GEGEN MICH«

ES GEHT DOCH NICHTS ÜBER GESUNDES WETTEIFERN

ES GEHT DOCH NICHTS ÜBER GESUNDES WETTEIFERN

Das »Du« bei »Du gegen mich«, liebe Eltern, meint euer Kind – oder eure Kinder, falls ihr zwei, drei, vier oder noch mehr habt. (Ich ziehe meinen Hut vor allen, die mehr als zwei haben!) Und mit »mich« seid ihr gemeint, die ihr dieses Buch lest.

Kinder sind gut darin, aus Familienspielen einen Wettkampf zu machen. Wenn es bei uns ums Gewinnen geht, peile ich immer ein 2 : 1-Verhältnis an: Von drei Runden gewinnen meine Kids zwei und ich eine. Ich will ihr Selbstvertrauen nicht dadurch ankratzen, indem ich »Zehn zu null für mich!« rufe, mir das Shirt vom Leib reiße und einen Siegestanz veranstalte. Niemand – wirklich niemand – will das sehen. Aber ich will, dass meine Kinder mitbekommen, dass ich mich ehrlich bemühe. Sie sollen erfahren, wie ich reagiere, wenn ich gewinne, sodass sie ungefähr wissen, wie sie sich in so einem Fall verhalten könnten, ob sie nun gegen mich oder gegen andere Kinder spielen. Nach dem Spiel sagen wir Dinge wie: »Gut gespielt!« oder: **»GIVE ME FIVE!«**, unabhängig von Sieg oder Niederlage.

In diesem Kapitel geht es auch immer darum, sich fair abzuwechseln. Kinder sind kleine Egoisten, die immer als erste dran sein und es auf ihre Art machen wollen. Aber so funktioniert die Welt nicht. Da ist es unsere Aufgabe als Eltern, ihnen auf nette Weise zu zeigen, wie Teilen funktioniert. Anstatt meinen zwei Nervensägen also ständig zuzurufen: »Sharing is caring!«, während sie sich um dasselbe Spielzeug kloppen, biete ich ihnen Spiele, bei denen sie sich abwechseln müssen, und zeige es ihnen auf diese Weise. Wir benutzen aber auch den Timer, wenn Spielzeuge gerecht verteilt werden sollen, weil es manchmal nicht anders geht!

Kleinere Kinder geben manchmal schnell auf oder verlieren die Lust, sobald sie merken, dass sie ein Spiel »verlieren«. Durchhaltevermögen ist wahrscheinlich das schwierigste Element eines Wettkampfes, das wir ihnen beibringen müssen, und die hilfreichsten Worte dabei sind **NOCH NICHT**. Wenn eure Kinder sagen: »Ich kann das nicht«, versucht es mal mit der Antwort: »Du kannst es NOCH NICHT.« Ermuntert sie mit der Erklärung, dass alle, die heute gut in etwas sind, es auch erst ausprobiert haben und es vielleicht anfangs schiefging. Sprecht regelmäßig mit euren Sprösslingen über die Dinge, die ihr knifflig findet oder die ihr selbst immer verkehrt macht.

Die Gefühle, die wir beim Gewinnen, Verlieren, Durchhalten, Abwechseln, Geduldigsein, bei Enttäuschungen und beim Siegesjubel empfinden, sind essentieller Teil des Lebens. Sobald wir unseren Kindern zeigen, wie sie mit diesen Gefühlen beim Spielen klarkommen, bereiten wir sie auf die beste Art für die kommenden Erlebnisse in der großen weiten Welt vor. Und gibt es einen besseren Weg, als sich ein paar Dinge aus der Wohnung zu schnappen, die **GOLDENE REGEL** zu beachten und die magische Frage zu stellen: »Willst du spielen?«

Wenn ihr zu Hause für diese Spiele nicht genug Platz habt, verlegt sie in den nächsten Park!

Für Kleine, die gerade lesen lernen: Fügt ein paar zusätzliche Felder hinzu, auf denen steht: »Hüpfe 5 Mal« oder »Geh 3 Felder zurück« – oder was immer euch einfällt!

3+

1 2 3

RIESENSCHLANGEN UND LEITERN

Ich liebe Würfel. Man kann so viele Spiele damit spielen! Außerdem lernen Kinder damit unglaublich früh, von eins bis sechs zu zählen. Bei uns fliegen immer ein paar Würfel herum, für den Fall, dass mir die Ideen ausgehen. Dieses Spiel ist mir wie durch ein Wunder eingefallen, als die Kids mir mal wieder den letzten Nerv raubten und ich nur noch leise vor mich hin fluchte.

IHR BRAUCHT:

- 1 Haufen Bücher oder Kissen (etwa 25)
- 1 Stück Seil (oder mehrere, wenn ihr mehr »Schlangen« wollt)
- Kreppklebeband
- 1 Würfel

VORBEREITEN ...

1. Verteilt die Bücher oder Kissen in einer Schlangenlinie im Raum – das sind eure »Spielfelder«.
2. Zwischen zwei Felder legt das sich windende Seil – das ist eure »Schlange«. Ihr könnt eine oder mehrere Schlangen auslegen. Die Felder müssen nicht nebeneinander liegen (s. Bild gegenüber).
3. Klebt Kreppband zwischen zwei andere Felder – das ist eure »Leiter«. (Sie muss nicht wie eine Leiter aussehen! Es kann eine einfache Linie sein.) Ihr könnt eine oder mehrere Leitern aufkleben.

SPIELEN ...

1. Ähm ..., das ist eigentlich selbsterklärend, oder? Würfelt abwechselnd und hüpft die Anzahl der Felder entsprechend den Würfelaugen weiter. (Ihr zählt!)
2. Wer auf der Schlange landet, muss zum Feld am Schlangenende zurück.
3. Wer auf der Leiter landet, rückt auf das Feld am oberen Ende der Leiter vor.
4. Es gewinnt, wer zuerst das Ziel erreicht!

Alle Mitspielenden bekommen einen Würfel. So sind mehr Buchstaben im Spiel.

Bildet nach dem Spiel aus den Buchstaben so viele Wörter wie möglich!

3+

abc

BUCHSTABEN-WÜRFEL

Eine Zeit lang hatten all meine Bekannten Abc-Puzzlematten bei sich liegen: diese kunterbunten Dinger zum Zusammenstecken. Als ich welche in einem Second-Hand-Laden entdeckte, kaufte ich sie, obwohl ich nicht wusste, wohin damit. Danach habe ich mir ein paar Spiele ausgedacht. Und als ich herausfand, wie ich Würfel aus ihnen machen kann ..., da entstand dieses Spiel wie von selbst.

IHR BRAUCHT:

- 6 Puzzlematten zum Zusammenstecken (wenn ihr die nicht habt, schreibt auf 6 Pappquadrate verschiedene Buchstaben)
- Kreppklebeband (wenn ihr Pappquadrate benutzt)
- 1 Stift und Papier

VORBEREITEN ...

1. Steckt die Matten zu einem Würfel zusammen. Falls ihr Pappquadrate benutzt, klebt sie mit Kreppband zu einem Würfel zusammen.
2. Schreibt euren Namen auf ein Stück Papier und die Namen eurer Kinder auf ein anderes.
3. Schreibt alle Buchstaben des Würfels auf ein Blatt. Der gewürfelte Buchstabe wird darauf eingekreist. Je nachdem wie geschickt eure Kinder sind, könnt ihr das Blatt auch leer lassen, sodass sie die Buchstaben, die sie würfeln, selbst aufschreiben.

SPIELEN ...

1. Würfelt abwechselnd.
2. Alle Mitspielenden umkreisen auf dem Papier den gewürfelten Buchstaben oder schreiben ihn auf.
3. Es gewinnt, wer zuerst alle Buchstaben gewürfelt hat.

Verändert die Reihenfolge der Hindernisse. Fragt eure Kinder, ob sie glauben, dass sie dann schneller oder langsamer sind. Überprüft, ob sie recht haben. Das ist Wissenschaft mit Spaß!

Lasst die Kinder eure Zeit messen! So lernen sie die Zahlen kennen und üben schon mal das Schreiben.

2+

1 2 3

HINDERNISLAUF

Bei diesem Spiel treten eure Kinder gegeneinander oder gegen sich selbst an, während ihr euch ein paar Minuten hinsetzen könnt! Den Hindernislauf für meine zwei habe ich zum ersten Mal im Haus meiner Eltern aufgebaut. Wir hatten einen anstrengenden Tag hinter uns und lechzten nach einer Kaffeepause, aber Ewan war so gar nicht müde. Also verteilten wir Kissen und Hocker im Wohnzimmer, dann stoppten wir abwechselnd seine Zeit. Während er sich austobte, genossen wir Großen unser Heißgetränk.

IHR BRAUCHT:

- etwa 10 Dinge als Hindernisse – Kissen zum Drauftreten, Bücher zum Drüberspringen, einen leeren Karton als Tunnel, einen Hocker zum Drüberklettern, einen Wäschekorb fürs Bällewerfen, Plüschtiere zum Toben ... Was ihr wollt!
- 1 Punktezettel – ihr könnt Stift und Papier, Tafel und Kreide, Whiteboard und Marker oder eine Zaubertafel benutzen
- 1 Stoppuhr (z. B. die vom Smartphone)

VORBEREITEN ...

1. Verteilt eure Hindernisse im Raum oder im Garten.
2. Legt die Punktetafel und die Stoppuhr in die Nähe.

SPIELEN ...

1. Erklärt den Kids, was sie an den einzelnen Stationen machen sollen: springen, werfen, klettern, krabbeln ...
2. Ihr stoppt die Zeit und schreibt das Ergebnis auf. Ziel ist es, den Hindernis-Parcours so schnell wie möglich zu durchlaufen.
3. Ruft: »Auf die Plätze! Fertig! Los!«, und startet die Stoppuhr.
4. Sind die Kids durch, zeigt ihnen das Ergebnis. Schreibt es zusammen auf die Punktetafel.
5. Wiederholt es, sooft die Kids Lust dazu haben. Können sie es noch schneller? Könnt ihr sie schlagen?

Ewan hat nie gern geschrieben. Aber zum Tore-Aufschreiben hat er, ohne es zu merken, einen Stift in die Hand genommen.

PUSTE-FUßBALL

Als ich mit dem Bloggen begann, bat mich die Frau meines Cousins, ob ich mir nicht ein paar Spiele für ihren Sohn Henry ausdenken könnte. Er ist so alt wie Ewan und hat Mukoviszidose (eine erbliche Lungenkrankheit). Täglich muss er den Schleim aus seiner Lunge abhusten. Als Training muss er Puste- und Atemübungen machen. Seine Mum glaubte, dass ihm die Übungen spielerisch mehr Spaß machen würden. Also dachte ich mir drei Puste-Spiele aus. Mit den Jahren fügte ich zu dem Post »Henrys Spiele« weitere hinzu. Wie sein Dad liebt Henry Fußball, daher habe ich ihnen dieses Spiel als Erstes vorgeschlagen. Es ist ein Spaß für alle und hilft Henry. (Weitere Puste-Spiele findet ihr auf S. 203.)

IHR BRAUCHT:

- Kreppklebeband
- 2 Plastik- oder Pappbecher
- 2 Trinkhalme
- 1 kleinen Ball oder zusammengeknülltes Papier oder Alufolie
- 1 Punktetafel – ihr könnt Stift und Papier nehmen, eine Tafel, ein Whiteboard oder eine Zaubertafel

VORBEREITEN ...

1. Klebt die Becher an die gegenüberliegenden Seiten eines Kindertisches.
2. Legt Trinkhalme, Ball und Punktetafel daneben.

SPIELEN ...

1. Der Ball liegt in der Mitte des Tisches. Die Kinder setzen sich mit je einem Trinkhalm bei den Bechern einander gegenüber.
2. Sagt: »Los!« Dann müssen die Kids durch ihre Halme pusten und so den Ball über den Tisch bewegen. Ziel ist es, den Ball in den gegenüberliegenden Becher zu befördern.
3. Fällt ein Tor, schreibt es auf die Punktetafel neben den Namen des Kindes. Es gewinnt, wer die meisten Tore pustet.

Damit es spannend bleibt, versuche ich, die Wettkämpfe auf Gleichstand zu halten, bis zum letzten Rennen – das dann die Kids gewinnen!

Welche Wettkämpfe habt ihr beim *Fünfkampf* bestritten? Ergänzt die Liste um Weitsprung oder Hula-Hoop.

3+

FÜNFKAMPF

Die folgenden Spiele machen entweder total Spaß oder sind die absolute Hölle! Für meine beiden Kinder sind die klassischen Sportarten der größte Spaß im Garten, und ich kann dabei meine liebsten Kindheitserinnerungen heraufbeschwören. Aus dem Weg – das Bohnensackrennen gewinne ich!

IHR BRAUCHT:

- Kreide
- je 1 Löffel für alle Mitspielenden
- je 1 kleinen Ball oder zusammengeknüllte Alufolie für jedes Kind
- je 1 Sack oder 1 große stabile Tasche für alle Mitspielenden (z. B. wiederverwendbare Einkaufstaschen)
- je 1 Bohnensäckchen für jedes Kind – wenn ihr so etwas nicht habt, füllt einen Gefrierbeutel mit etwas Reis
- je 1 Stück Seil oder Band für alle Mitspielenden
- 1 Punktetafel (optional) – ihr könnt Stift und Papier nehmen, eine Tafel, ein Whiteboard oder eine Zaubertafel

VORBEREITEN …

1. Zieht mit Kreide Start- und Ziellinie oder markiert die Punkte mit anderen Dingen.
2. Legt die Ausrüstung für jede »Disziplin« bereit: die Löffel zusammen mit Bällen oder Alukugeln. Reiht die großen Säcke und die Bohnensäckchen auf dem Boden auf, legt die Seile daneben.

SPIELEN …

1. Eierlauf: Die Spielenden balancieren ihre Kugel auf dem Löffel vom Start zum Ziel.
2. Sackhüpfen: Die Kids stellen sich in ihren Sack und hüpfen so schnell wie möglich zum Ziel.
3. Bohnensack-Rennen: Die Mitspielenden balancieren das Säckchen auf ihren Köpfen ins Ziel, ohne es zu verlieren.
4. Dreibeinrennen: Bindet mit dem Seil den linken Fuß eures Kindes mit eurem rechten zusammen (oder umgekehrt). Hier gehts nicht ums Gewinnen, sondern nur um den Spaß!
5. Sprint-Finale: Beim letzten Wettkampf wird einfach nur um die Wette gerannt!

Für die Kleinen: Malt Buchstaben in verschiedenen Farben und ruft den Namen der Farben, die sie berühren sollen.

Dieses Spiel funktioniert auch mit Zahlen! Variiert es so, wie es euch gefällt.

3+

abc

BUCHSTABEN-REAKTIONSWAND

An Ewans viertem Geburtstag fuhren wir ins Legoland Discovery Centre. Dort gibt es interaktive Reaktionswände, auf deren Lichter man so schnell wie möglich drücken muss. Alle haben damit gespielt, und ich notierte mir im Handy eine Spiele-Idee. Dies wurde eines der absoluten Lieblingsspiele auf meinem Blog und führte dazu, dass ich mit einem Pfannenwender nach London fuhr und es in einer Fernsehsendung vorstellte. Das ist zwar eine echt schräge Beschäftigung für einen Dienstagnachmittag, aber, hey, was tut man nicht alles für einen entspannten Kaffee!

IHR BRAUCHT:

- Plastik-, Magnet- oder Papierbuchstaben (etwa 6 Buchstaben reichen)
- Klebepads
- etwas zum Abklatschen – 1 Pfannenwender oder 1 Fliegenklatsche
- 1 Punktetafel – ihr könnt Stift und Papier nehmen, eine Tafel, ein Whiteboard oder eine Zaubertafel
- 1 Stoppuhr oder 1 Timer

VORBEREITEN ...

1. Befestigt sechs Buchstaben mit Klebepads an der Tür oder der Wand.
2. Legt die anderen Dinge in die Nähe.

SPIELEN ...

1. Erklärt euren Kids, dass ihr den Timer stellt und Buchstaben ruft. Sie müssen den richtigen Buchstaben so schnell wie möglich abklatschen (wenn mehrere Kinder spielen, lasst sie wechseln).
2. Stellt dreißig Sekunden oder eine Minute ein und ruft: »Los!«
3. Jedes Mal, wenn ein Kind den richtigen Buchstaben abklatscht, macht einen Strich neben seinem Namen auf der Punktetafel.
4. Ist die Zeit rum, ruft: »Stopp!«, und zählt die Punkte.
5. Jetzt seid ihr dran! Zeigt den Kids, wie sie den Timer starten, dann rufen sie die Buchstaben und notieren eure Punkte.
6. Lasst die Kinder noch mal spielen. Können sie euch schlagen? Schaffen sie mehr als in der ersten Runde?

Auch dieses Spiel könnt ihr mit Zahlen oder Buchstaben spielen.

Vergesst die Siegerehrung nicht und küsst den Gewinnerpokal!

3+

abc

WORLDCUP

»It's coming home!« – wie die englische Fußballhymne heißt. Ihr habt kleine Fußballfans? Das hier ist ihr Spiel. Mein Dad und mein Mann sind total fußballverrückt und so habe ich dieses Spiel als eine Art Vatertags-Geschenk entwickelt – statt einer »Herren-Tour« mit Freunden kicken mein Dad und mein Mann im Garten mit den Kids! (Und das bedeutet, dass ich fünf Minuten für mich habe!)

IHR BRAUCHT:

- 10 Buchstaben-Puzzlematten – oder malt einige Buchstaben auf Pappen
- 1 Tor (ich benutze einen auf die Seite gelegten Wäschekorb)
- 1 Fußball
- 1 alten Pokal oder 1 mit Alufolie überzogene Tasse

VORBEREITEN …

1. Verteilt die Buchstaben nach dem Zufallsprinzip im Garten.
2. Stellt das »Tor« auf einer Seite auf, legt den Ball ans gegenüberliegende Ende des Gartens.
3. Stellt den Pokal gut sichtbar auf.

SPIELEN …

1. Erklärt den Kindern, dass ihr ein Team seid und die Trophäe der Worldcup ist!
2. Werft den Ball in die Luft (oder rollt ihn ins Spielfeld), dann ruft einen Buchstaben. Eure Kinder müssen mit dem Ball loslaufen, den Buchstaben finden und um ihn herumdribbeln. Wenn sie ein Tor schießen, machen sie einen Punkt.
3. Dann seid ihr dran! Ein Kind wirft den Ball ein, ruft einen Buchstaben und ihr macht genau das Gleiche.
4. Sind alle Buchstaben umdribbelt, habt ihr bis zu zehn Tore geschossen – und gewinnt den Worldcup!

Die Spielenden können den Ballon beliebig oft schlagen, bis sie ihn über das Netz befördern, er darf nur nicht den Boden berühren!

2+

WOHNZIMMER-VOLLEYBALL ODER TENNIS

Kleine Kinder brauchen lange, bis sie einen Ball fangen können. Daher frustriert sie das Fangenüben so schnell. Aber ein Luftballon bewegt sich viel langsamer als ein Ball! Benutzt einen Ballon für eine Partie Volleyball oder Tennis im Wohnzimmer oder im Garten (wenn kein Wind weht – niemand braucht das Geheule, wenn der Ballon davonfliegt!). So können eure Kids ganz entspannt Spaß am Fangen und Schlagen entwickeln.

IHR BRAUCHT:

- einen Haufen Kissen (genug, um den freien Platz in zwei Spielfelder zu unterteilen)
- 1 Luftballon (und vielleicht ein paar Ersatzballons, falls einer platzt)
- je 1 Papp- oder Plastikteller für alle Mitspielenden
- 1 Punktetafel – ihr könnt Stift und Papier nehmen, eine Tafel, ein Whiteboard oder eine Zaubertafel

VORBEREITEN . . .

1. Teilt mit einem »Netz« das Wohnzimmer oder den Garten in zwei Felder.
2. Legt Ballon, Teller und Punktetafel daneben.

SPIELEN . . .

1. Erklärt euren Kindern, dass auf jeder Seite des Netzes eine Person steht. Ziel ist es, den Ballon über das Netz zu schlagen, sodass er auf der anderen Seite den Boden berührt.
2. Volleyball: Schlagt den Ballon mit den Händen. Tennis: Nutzt die Teller als Schläger.
3. Sobald der Ballon den Boden im gegnerischen Feld berührt, gibt es einen Punkt. Notiert die Punkte auf der Tafel.
4. Wer zuerst fünf Punkte erreicht, gewinnt!

Farben erkennen: Benutzt verschiedenfarbige Becher oder legt unterschiedlich farbige Dinge in jeden Becher. Das funktioniert gut mit Kindern ab dem ersten bis zum dritten Jahr.

Buchstaben oder Zahlen erkennen: Schreibt mit einem Marker oder Filzstift Buchstaben oder Zahlen auf die Becher. Ihr könnt auch eine Zahl oder einen Buchstaben hineinlegen. Gut für Drei- bis Vierjährige.

Schreiben üben: Legt einen Buchstaben in jeden Becher. Malt auf ein Blatt für jeden Buchstaben ein Kästchen. Jedes Mal, wenn die Kids einen bekommen, schreiben sie ihn in das Kästchen. Wer zuerst alle Kästchen voll hat, gewinnt! Geht auch mit Zahlen.

Spannender wird es, wenn die Becher an anderen Enden des Tisches stehen!

BUCHSTABEN-PONG

Dieses Spiel stammt von meinem Junggesellinnen-Abschied. Meine Mädels kennen mich gut, daher war das Wochenende gespickt mit lustigen Spielen, einschließlich »Prosecco-Pong«, bei dem meine Mum schummelte und wir Tränen lachten. Als ich völlig derangiert nach Hause kam, hatte ich einen Pingpongball in meiner Handtasche. Hey, dachte ich, das werden die Kids mögen. (Ohne Prosecco natürlich!)

IHR BRAUCHT:

- ein paar Papp- oder Plastikbecher
- 1 Stift und Papier
- 1 Schere
- 1 Pingpongball oder 1 Flummi

VORBEREITEN ...

1. Stellt die Becher auf den Boden. Sie können irgendwo stehen, in einer Reihe oder auch im Dreieck.
2. Schreibt auf Papier, was die Kleinen lernen sollen. Schneidet es aus und legt es in die Becher, z. B. bestimmte Buchstaben oder Zahlen. Füllt alle Becher.
3. Legt den Ball daneben.

SPIELEN ...

1. Erklärt euren Kindern, dass sie den Ball in einen der Becher werfen sollen. (Wechselt euch ab, wenn mehrere Kinder mitspielen.)
2. Landet ein Ball in einem Becher, holt den Zettel heraus und seht nach, was darauf steht. Helft ihnen beim lauten Lesen, dann stellt den Becher weg.
3. Spielt so lange, bis alle Becher weg sind.

Benutzt immer eine Kombination aus bekannten Buchstaben (wie die Buchstaben aus den Kindernamen) und ein paar neuen.

Das funktioniert natürlich auch gut mit Zahlen!

ABC-ABWURF

Magnetbuchstaben und -zahlen sind ein wichtiger Teil meiner Ausrüstung (siehe S. 7). So wie Bauklötze sind sie sehr nützlich, denn ihr könnt auf vielerlei Art mit ihnen spielen. Bei uns zu Hause gehört zum Spielen immer auch der Wettbewerb oder das Zerstören. Wenn ich mit Bälle-durchs-Wohnzimmer-Werfen auch noch Buchstaben- oder Farbenlernen kombinieren kann, umso besser! Wichtig ist, dass die Kinder Spaß haben und gar nicht merken, dass sie etwas lernen.

IHR BRAUCHT:

- Magnetbuchstaben (etwa 3 oder 4 pro Kind) – oder macht ein paar Pappbuchstaben und klebt sie mit Pads an die Wand
- 1 kleinen Ball (ein Squashball ist ideal)

VORBEREITEN ...

1. Heftet die Buchstaben an Heizkörper oder Kühlschrank. Wenn ihr Pappbuchstaben benutzt, befestigt sie nur ganz leicht an einer Tür oder Wand.
2. Lasst den Ball daneben liegen und wartet, dass eure Kids neugierig werden!

SPIELEN ...

1. Alle Mitspielenden sitzen eine Beinlänge von den Buchstaben entfernt. Das heißt, kleine Kinder sitzen dichter dran.
2. Werft abwechselnd den Ball auf die Buchstaben und holt sie damit herunter. Die Werfenden nennen zuerst den Buchstaben, auf den sie zielen. Holen sie ihn herunter, behalten sie ihn. Wird der verkehrte Buchstabe heruntergeholt, heftet ihn wieder an.
3. Wenn ihr alle Buchstaben abgeworfen habt, zählt, wer am meisten hat. Vergesst nicht, die Kinder zu bitten, ihre Buchstaben zu benennen – je öfter sie die Buchstaben hören, umso besser.

Mit Eimern und Bällen könnt ihr euch immer neue Spiele ausdenken. Fällt euren Sprösslingen vielleicht noch etwas ein?

Zählt eure Bälle, ruft dabei die Zahlen von 1 bis 5. Dann lernen die Kids sie ganz nebenbei!

2+

VIELE BÄLLE UND EIN EIMER

Überraschenderweise habe ich diese Spiele mit der dreijährigen Florence gespielt, als ich von einem langen, geselligen Abend noch völlig fertig war. Wenn ich mich tagsüber hinlegen muss, spiele ich meist erst eine Runde, sodass ich hinterher ohne Schuldgefühle abhängen kann, weil ich den Kids schon etwas Aufmerksamkeit geschenkt habe. Es war ein sonniger Tag, also gingen wir in den Garten, wo zufälligerweise ein Eimer und viele Bälle herumlagen ...

IHR BRAUCHT:

- je 5 kleine Bälle für alle Mitspielenden
- je 1 Löffel für jedes Kind
- 1 Eimer

VORBEREITEN ...

1. Macht für alle Mitspielenden Bälle-Haufen. Legt die Löffel daneben.
2. Stellt den Eimer etwa zehn kurze Schritte entfernt davon auf.

SPIELEN ...

1. In der ersten Runde tragen die Kinder einen Ball nach dem anderen zum Eimer.
2. In der zweiten Runde tragen sie jeden Ball in einem Kleidungsstück, das sie anhaben.
3. In der dritten Runde befördern die Spielenden die Bälle mit dem Löffel wie beim Eierlaufen.
4. In der vierten Runde legt den Eimer auf die Seite. Die Spielenden schießen dann einen Ball nach dem anderen in den Eimer.
5. In der fünften Runde stehen die Kinder drei Schritte vom Eimer entfernt und werfen ihre Bälle nacheinander hinein.
6. Für alle Runden gilt, wer zuerst alle fünf Bälle im Eimer hat, gewinnt.

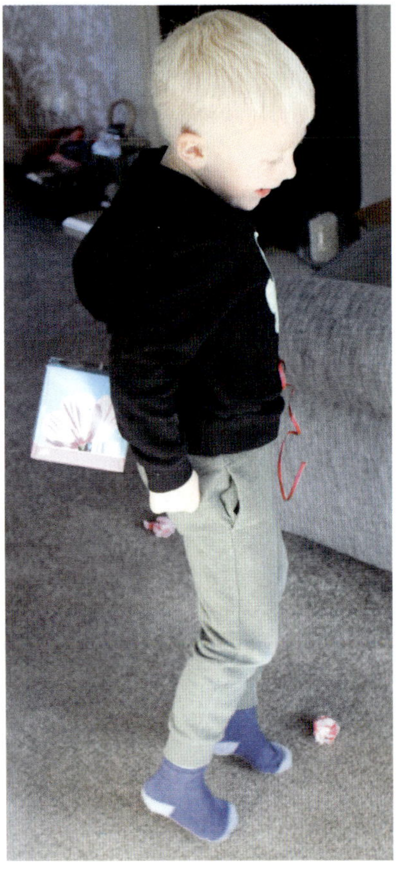

Je kleiner die Kinder, umso größer ist das Loch in ihrer Schachtel, damit die Zettel herausfliegen können – dann ist es einfacher.

2+

POPO-WACKEL-RENNEN

An Weihnachten wichteln wir. Beim Essen gibt es dann lustige und absurde Geschenke. Einmal bekam ich ein Spiel namens *Twerk-Pong*. Die Kinder lieben es, und wir haben uns scheckiggelacht, wie sie durchs Zimmer gesprungen sind. Mir kam die Idee, das in ein Spiel zu verwandeln; eins bei dem sich energiegeladene Kinder so richtig austoben und die Erwachsenen dann später vor der Glotze nach einer Schachtel Pralinen wegratzen können.

IHR BRAUCHT:

- je 1 kleine Schachtel (z. B. eine leere Kosmetiktuchbox) für alle Mitspielenden (also Schachteln mit einem großen Loch oder solche, die oben offen sind)
- je 1 Seil oder Band für jedes Kind
- je 5 zusammengeknüllte Zettel in jeder Box

VORBEREITEN ...

1. Bohrt zwei Löcher in die oberen Ränder der Schachteln und fädelt die Bänder hindurch. Sie sollten so lang sein, dass sie um die Bäuche der Spielenden passen.
2. Legt fünf zusammengeknüllte Zettel in jede Schachtel.

SPIELEN ...

1. Bindet allen Spielenden eine Schachtel mit den Zetteln auf den Popo.
2. Sagt: »Auf die Plätze! Fertig! Los!«
3. Alle hüpfen, wackeln und schütteln sich, um die Zettel aus ihrer Schachtel zu schleudern.
4. Es gewinnt, wer zuerst alle Zettel befreit hat.

Für die Kleinsten: Sie hüpfen einfach von Kissen zu Kissen und ihr ruft: »Eins, zwei, drei …« – das reicht schon!

DURCH DIE LAVA

TRITT NICHT IN DIE LAVA!!! Habt ihr das früher auch gespielt? Habt ihr auf Kissen das Zimmer durchquert, ohne den Boden zu berühren, der die glühende Lava war? Das ist ein großartiges Spiel, wenn ihr Kinder unterschiedlichen Alters habt, denn ihr könnt es auf viele Arten variieren, je nachdem, was eure Kids schon können.

IHR BRAUCHT:

- 6 Kissen
- 6 Dinge pro Kind, die sie lernen sollen – Farben, Buchstaben, Zahlen, Wörter oder Silben (mehr über Silben ab S. 172)
- 1 Würfel

VORBEREITEN …

1. Legt die Kissen in einer Reihe auf den Boden – das sind eure Trittsteine.
2. Legt das, was eure Kinder lernen sollen, neben jedes Kissen. Für alle Mitspielenden sollte es je ein Lernobjekt neben den Kissen geben.
3. Platziert den Würfel in der Nähe.

SPIELEN …

1. Wenn eure Kinder dieses spaßige Spiel entdecken, erklärt ihnen, wie es funktioniert. Die Kinder würfeln abwechselnd und springen dann entsprechend der Augenzahl von Kissen zu Kissen.
2. Sie »gewinnen« das Ding neben dem Kissen, auf dem sie landen. Nachdem sie gesagt haben, was es ist (z. B. rot, fünf oder der Buchstabe T), dürfen sie das Ding einsammeln.
3. Wer zuerst alle sechs Dinge beisammenhat, gewinnt.
4. Spielt so lange bis alle Dinge weg sind.

Beim Zusammenknüllen trainieren die Kids ihre Handmuskeln, die sie für feinmotorische Bewegungen wie das Halten eines Stiftes brauchen.

ZEITUNGSBALL-KORBWERFEN

Wir bekommen immer noch wöchentlich eine Gratis-Zeitung geliefert, und jedes Mal denke ich: Hurra, kostenloses Spielzeug! Damit kann man gut den Tisch vor dem Malen abdecken (was wir aber nur etwa einmal im Monat tun) oder Pappmaschee herstellen (was wir nur einmal im Leben machen!), aber am besten kann man daraus Bälle formen und sie werfen! Das Gute an diesem Spiel ist, dass man hinterher alles einfach nur in die Papiertonne werfen muss. Perfekt!

IHR BRAUCHT:

- 1 Stift und Papier
- 3 Eimer, große Schüsseln oder Waschkörbe
- 1 Zeitung

VORBEREITEN ...

1. Schreibt die Zahlen 1, 2 und 3 auf drei Zettel.
2. Stellt die drei Eimer auf und legt die Zahlen davor.
3. Stapelt für alle Mitspielende je sechs Zeitungsseiten auf.

SPIELEN ...

1. Alle Spielenden sitzen vor ihrem Zeitungspapierstapel.
2. Sagt: »Auf die Plätze! Fertig! Los!«
3. Jedes Kind knüllt ein Blatt Papier zu einem Ball und wirft ihn in einen Eimer. Ein Ball in den Eimer mit der 1, zwei Bälle in den mit der 2 und drei in die Nummer 3.
4. Wer zuerst alle sechs Bälle in den richtigen Eimern hat, gewinnt.

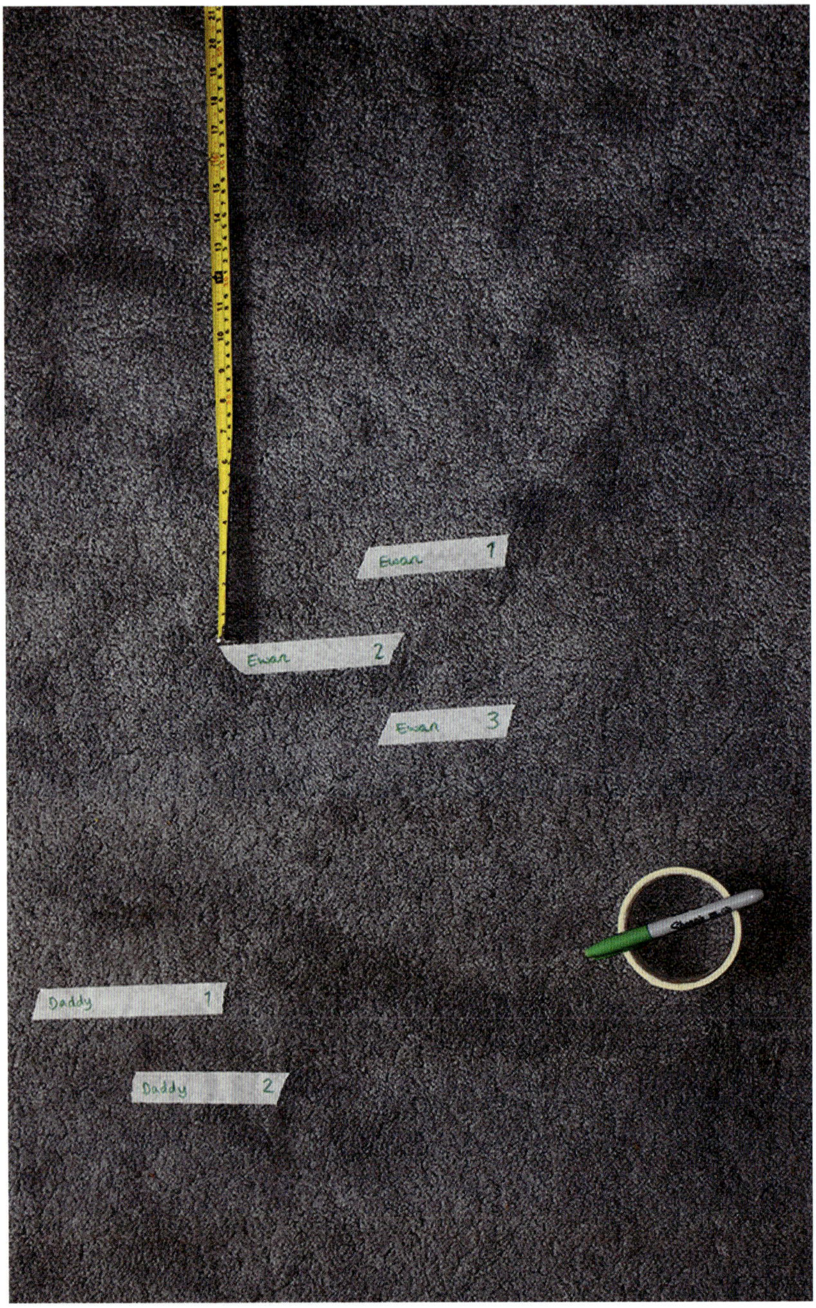

Klatscht am Anfang langsam in die Hände, um die Spannung vor dem Sprung zu steigern!

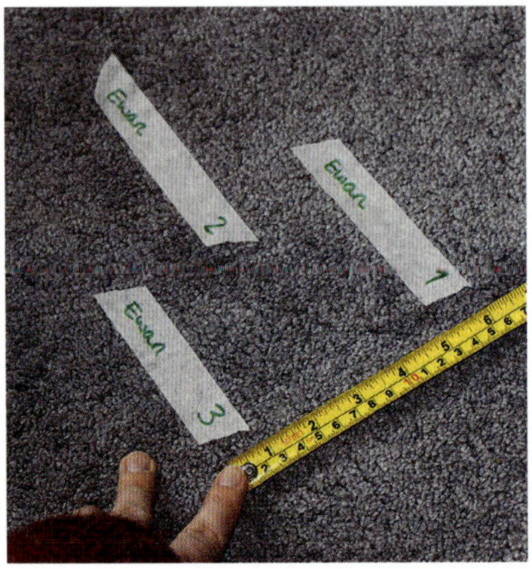

3+

123

WOHNZIMMER-WEITSPRUNG

Dieses Spiel stammt mal nicht von mir. Dahinter steckt vielmehr mein Ehemann, der wundervolle Papa von Ewan und Florence. Er spielt oft lustige Spiel, nur bloggt er nicht darüber! Als wir im Fernsehen einmal ein paar Leichtathleten gesehen hatten, wollte Ewan uns zeigen, wie weit er springen kann. Also hat Daddy ihm das hier aufgebaut.

IHR BRAUCHT:

- Kreppklebeband
- 1 Maßband
- 1 Stift

VORBEREITEN ...

Legt all diese Dinge in das Zimmer, in dem ihr den meisten Platz habt.

SPIELEN ...

1. Klebt eine Startlinie auf den Boden. Ab hier nehmen die Kleinen Anlauf.
2. Klebt eine zweite Linie als Absprungbrett auf und erklärt den Kindern, dass sie die nicht übertreten dürfen.
3. Die Kids wechseln sich ab. Sie rennen los und springen. Markiert mit Klebeband, wo sie landen.
4. Messt mit dem Maßband nach und schreibt die Weite des Sprungs auf die Kreppbandmarkierung.
5. Lasst sie springen, so oft sie wollen. Können sie sich verbessern?

MEIN-FÜNF-MINUTEN-DREIECK

Ganz ehrlich? Ihr könnt nicht alles schaffen. Das geht einfach nicht. Ihr könnt nicht Fünf-Minuten-Spiele veranstalten, eine ordentliche Wohnung haben und dazu ein gesundes Essen aus dem, was noch da ist, kochen, eine Wäsche machen, E-Mails beantworten, dabei das Baby ständig auf dem Arm schuckeln und auch noch telefonisch einen Zahnarzttermin vereinbaren. Nein. Das ist einfach unmöglich. Ihr seid ja kein Oktopus. Wenn ihr all diese Dinge gleichzeitig machen wollt, brecht ihr irgendwann zusammen. (Oder ihr werdet von irgendetwas abhängig, was offen gestanden mit Kindern nicht vereinbar ist.)

Eines Abends, als ich in der Küche stand und mir das Biryani vom Vortag reinstopfte, stieg in mir ein Schuldgefühl auf. Am Nachmittag hatte ich mit Ewan ein Buch gelesen, dann mit Flo gekuschelt, die nach ihrem Mittagsschlaf schlecht drauf war. Und schon war es 17 Uhr (unsere Abendbrotzeit). Ich rannte zum Kühlschrank und stopfte verzweifelt die Reste aus dem Take-away für mich in die Mikrowelle und machte den Kids Toasts mit Bohnen. Das war alles andere als das entspannte gemeinsame Abendessen, das ich mir immer für unsere kleine Familie vorgestellt hatte ...

Dann dachte ich, nein, wart mal kurz. Ich habe mich um Ewan gekümmert, habe mit ihm geredet und gespielt. Ich habe mit meiner Zweijährigen gekuschelt, bis sie wieder happy war. Ich mache das super.

Woher kommt dann aber dieses blöde Schuldgefühl?

Ich malte ein Dreieck. In die eine Ecke schrieb ich »Kuscheln mit Flo«, in die nächste »Buch lesen mit Ewan« und in die dritte »Abendessen kochen«. In die Mitte schrieb ich: »Wähle zwei!« Ich umkreiste die beiden, die wir gemacht hatten.

Ihr könnt nicht alles schaffen. Wählt einfach zwei von drei.

Wenn ich heute wieder in so eine Klemme gerate, zeichne ich gedanklich so ein Dreieck. Ich sage mir selbst: »Du kannst nur zwei Dinge tun.« Auf eins muss ich verzichten. Welches soll das sein? An einem anderen Tag hätte ich vielleicht mit Flo gekuschelt und etwas Gesundes für uns alle gekocht, aber nicht mit Ewan gelesen. Oder ich hätte das Lesen vorgezogen und das Abendessen zubereitet, aber Flo wäre dann schlecht gelaunt um mich herumgewuselt, während ich Karotten schälte. Das Dreieck wird jedes Mal anders aussehen.

Versucht nicht, ganze Tage in ein Dreieck zu packen. Macht das nur in den Momenten, in denen ihr das Gefühl habt, dass ihr euch dreiteilen müsst, und glaubt, überhaupt nichts zu schaffen.

Ich hoffe, dieses Dreieck hilft euch. Ich poste es oft in den sozialen Medien, als kleine Erinnerung, wie wichtig es ist, sich selbst zu schützen, weil wir uns rund um die Uhr um kleine Menschen kümmern. Und das ist schon sehr viel.

Ihr könnt nicht alles schaffen.

Wenn ihr Schwierigkeiten habt, mit allen Aufgaben des Alltags fertig zu werden, sprecht bitte mit Hausärztin oder Hausarzt. Oder ruft bei der Telefonseelsorge an, kostenfrei unter 0800 1110111, oder beim örtlichen Krisentelefon.

4

FIT FÜR DIE KITA

IM KINDERGARTEN

ANZIEH-SPIELE
MÜNZEN-NAME
ZWEI REIFEN
DER CODE-KNACKER
POST-SPAß
DAS BUCHSTABEN-MONSTER
IM KAUFLADEN
BUCHSTABEN-JAGD
DER ZAHLEN-KLAU
WER WARS?
BUCHSTABEN BAGGERN
DER PIRATENSCHATZ
SPINNENNETZ
EIER KÖPFEN
QUATSCH-SUPPE
»ERZÄHL MIR EINE GESCHICHTE«

IM KINDERGARTEN

Das Klischee stimmt: Eben wart ihr noch in Panik wegen eines Bäuerchens, und kaum blinzelt ihr einmal, steht vor euch ein Steppke, der in die Kita aufbricht und euch ständig erzählt, dass ihr nach Kacka stinkt.

Plötzlich war ich Mutter eines Kitakindes. Und ich war fast genauso aufgeregt, nervös und eingeschüchtert wie mein kleiner Mann. Im Sommer bevor Ewan in die Kita kam, schrieb ich einen Blog-Post darüber, wie wir ihn auf den großen Moment vorbereitet haben – und das war vermutlich überhaupt nicht so, wie ihr es erwartet.

Eure Kinder kommen in die Kita so, wie sie sind. Niemand erwartet, dass sie irgendwelche Spiele oder Lieder gut können. All das bringen ihnen die Erzieherinnen und Erzieher mit der Zeit bei. Sie unterstützen die Kinder und helfen ihnen, sich in den Spielgruppen einzuleben. Dennoch gibt es ein paar Fähigkeiten, die die Kinder haben sollten. Und die sind viel grundlegender, als ihr denkt! Hier ein paar Beispiele:

- sich allein anziehen
- allein zur Toilette gehen
- nach Hilfe fragen, wenn sie gebraucht wird
- den eigenen Namen erkennen
- mit Angst umgehen

Mit diesen Tipps bekommen eure Kinder all diese Dinge geregelt!

SICH SELBST ANZIEHEN

Das Verhältnis von Erziehenden zu Kindern in der Kita ist anders als zu Hause. Die wenigen Erwachsenen haben oft nicht die Zeit, jedem Kind zu helfen, die Jacke zuzumachen oder ihnen nach dem Spaziergang die nassen Regensachen auszuziehen. Im Idealfall müssen eure Sprösslinge allein in der Lage sein, sich aus- und wieder anzuziehen.

Mit diesen kleinen Tricks habe ich meine Kids vorbereitet:

- Damit eure Kinder sich die Schuhe richtig anziehen, zerschneidet einen Aufkleber und klebt je eine Hälfte in einen Schuh. Stellen sie die Schuhe vor dem Anziehen richtig vor sich hin, ergibt der Aufkleber von oben gesehen ein Ganzes.
- Das Anziehen von kniffliger Kleidung könnt ihr mit den Spielen auf den Seiten 137–139 üben.
- Legt für die Kinder zu Hause Klamotten zum Spielen heraus. Oder lasst sie zum Spaß ein paar von euren Sachen anziehen!

DER TOILETTENGANG

In den Monaten vor dem Kitabeginn eures Kindes empfehle ich euch, regelmäßig Fünf-Minuten-Gespräche mit ihnen über den Gang zur Toilette zu führen. Kurz, aber häufig ist am besten. Erklärt ihnen, dass sie in der Kita allein zur Toilette gehen müssen und kein Erwachsener ihnen die Popos putzen wird. Hinterher müssen sie sich selbst die Hände waschen. Dafür gibt es einen hilfreichen Händewasch-Song:

Hände waschen, Hände waschen
muss ein jedes Kind
Hände waschen, Hände waschen
bis sie sauber sind.

Nun sind die Hände sauber, ja,
doch leider ist kein Handtuch da.
Drum müssen wir sie schütteln,
schütteln, schütteln, schütteln,
Drum müssen wir sie schütteln,
bis sie trocken sind.

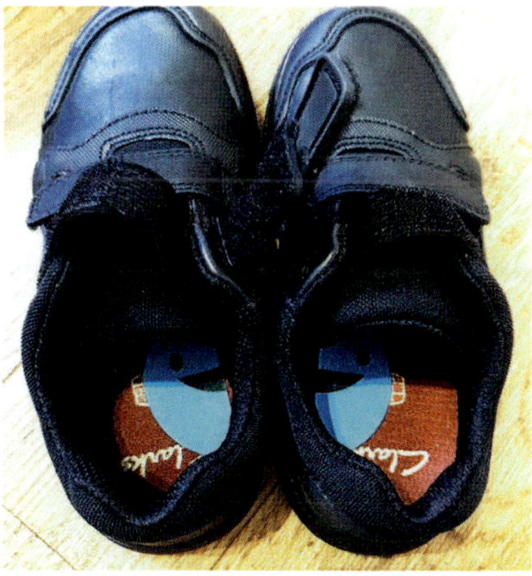

UM HILFE BITTEN

Diese Fähigkeit ist nicht ganz leicht zu vermitteln. Wenn meine Kids frustriert sind, weil sie bei einem Spiel etwas nicht können, versuche ich, ihnen in aller Ruhe zu erklären, dass es nicht schlimm ist, wenn man jemanden um Hilfe bittet.

Das funktioniert ungefähr so:

- Euer Kind probiert etwas aus, schafft es aber nicht.
- Ihr sagt: »Was machst du jetzt?«
- Es sagt: »Du machst es.«
- Ihr erwidert: »Warum bittest du mich nicht um Hilfe?« Wartet, bis es euch bittet. Ihr könnt es ermutigen: »Komm. Frag einfach!«
- Es fragt: »Kannst du mir bitte helfen?«
- Ihr antwortet: »Natürlich!« Lächelt es groß an, dann helft ihr ihm.
- Erinnert euer Kind, dass die Leute immer gern helfen, wenn es sie nett fragt.
- Kommt es beim nächsten Mal nicht weiter, sagt einfach: »Und was machen wir jetzt?« Vielleicht antwortete es dann: »Um Hilfe bitten.«

Natürlich läuft es nicht immer so wie in diesem ausgedachten Beispiel. Aber so oder ähnlich könnte es sich abspielen. Ich habe diesen Dialog immer im Kopf und nutze ihn, um das Gespräch zu steuern. Vielleicht denken die Kids in der Kita später: »Was mache ich jetzt?«, und dann taucht ganz automatisch »um Hilfe bitten« in ihren kleinen Köpfen auf.

DEN EIGENEN NAMEN ERKENNEN

Auch wenn euer Kind seinen eigenen Namen bereits ganz wundervoll schreiben kann, so muss es ihn nicht unbedingt erkennen. Aber den eigenen Namen ausfindig zu machen, ist eine sehr nützliche Fähigkeit. In diesem Buch findet ihr genügend Spiele, um das zu üben! Ihr könnt mit der *Zielübung* (S. 63) anfangen, so wie ich es mit Ewan gemacht habe, und dann vielleicht den *Abc-Parkplatz* nutzen (S. 53).

MIT ANGST UMGEHEN

Für Kinder ist es völlig normal, zu Beginn der Kita ängstlich und eingeschüchtert zu sein. Diese Kleinigkeiten können ihnen vielleicht helfen:

- **HERZEN:** Malt ein kleines Herz auf die Handfläche eures Kindes, dann malt eines auf eure eigene Hand. (Wenn ihr befürchtet, es abzuwaschen, malt es auf das Handgelenk.) Erklärt eurem Kind, dass es jedes Mal, wenn es Angst hat, das Herzchen auf der Hand drücken soll. So schickt es euch einen magischen Kuschelgruß – und ihr schickt ihm einen solchen zurück! Übt es vorher, indem ihr eure Herzchen drückt und euch danach umarmt. Fangt ein paar Tage vor Kitastart damit an und vergesst dann nicht, eurem Kind am ersten Tag ein Herzchen auf die Hand zu malen.
- **RUHIGE GESPRÄCHE:** Nehmt euch jeden Tag eine ruhige Auszeit mit eurem Kind. Macht den Fernseher oder Computer aus und räumt alles weg, was ablenkt. Dann sprecht über all die schönen Dingen, die es in der Kita erleben wird. Redet über die Lieblingsspielzeuge eures Kindes und über das, was eurem Kind in der Kita wirklich Spaß machen wird. Erwähnt das Malen, Fußball, den Spielplatz und die Spielecke und natürlich die Freundinnen und Freunde, die es dort trifft. Fragt euer Kind, was es von der Kita erwartet. Und erzählt von den schönen Erlebnissen eurer Kitazeit.
- **BÜCHER ODER FERNSEHSENDUNGEN ÜBER DEN KITASTART:** Es gibt so viel zu diesem Thema! Geht in eine Bibliothek oder einen Buchladen oder schaut kurze Videos über den Kitastart im Netz.
- **ÜBT DEN WEG ZUR KITA:** Geht oder fahrt zusammen den Weg zur Kita ab, bevor es so weit ist, und erklärt eurem Kind, dass ihr übt. Zeigt ihm markante Details auf der Strecke, so erkennt es diese später wieder. Habt für den Rückweg eine kleine Überraschung dabei. Wenn euer Kind beim Gehen über die Kita spricht und dabei Schokobonbons futtert, wird es diese schöne Erfahrung mit der Kita in Verbindung bringen.
- **QUALITY-TIME:** Eine Woche vor Ewans Kitabeginn, brachte ich Flo zu den Großeltern und hatte einen Tag allein mit meinem Großen. Er durfte bestimmen, was wir machen. Wir gingen ins Kino und naschten Süßes, später gab es Pizza. Manche Leute nennen das »verhätscheln«. Für mich war es ein melancholisches Pizza-Essen, bei dem ich mich an das Baby erinnerte, das mit Patschhändchen Reiswaffeln aß, und ich wunderte mich, **WIE DIE ZEIT DAVONRANNTE.**

Mit diesen Kniffen macht ihr es euren Kindern eventuell etwas leichter, in den Kita-Alltag zu starten. Vielleicht entstehen so auch tägliche Rituale, die ihr im Laufe der Vorschule oder auch im ersten Schuljahr beibehaltet. Sie können euren Kids und auch euch eigentlich nur guttun. Denkt einfach: Dies ist der Beginn eines neuen großen Abenteuers!

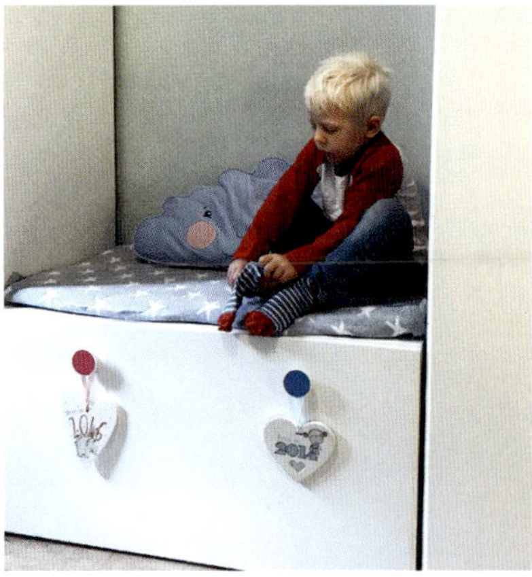

ANZIEH-SPIELE

Florence liebt es, sich selbst anzuziehen. Seit sie zwei ist, schiebt sich mich weg und ruft: »Ich, ich, ich!«, selbst wenn ich ihr eine Leggins anziehe. Ewan hingegen hat mal behauptet, dass seine Beine nicht funktionierten, als ich ihn bat, sich eine Unterhose anzuziehen. (Ich musste mich wegdrehen, weil er nicht sehen sollte, dass ich beinahe Tränen lachte.) Er brauchte unendlich viel Unterstützung beim Anziehen. Und wie unterstützen wir unser Kind am besten? Durch Spielen!

JACKEN-WETTKAMPF

Mit diesem Trick lernen die Kleinen, sich ihre Jacken anzuziehen. Damit vermeidet ihr den »Der Hund beißt sich in den Schwanz«-Effekt, der normalerweise eintritt, wenn sie versuchen, den zweiten Arm in die Jacke zu schieben.

IHR BRAUCHT:

- die Jacke eures Kindes
- eure Jacke

VORBEREITEN ...

Legt die Jacken auf den Boden.

SPIELEN ...

1. Euer Kind stellt sich so vor seine Jacke, dass die Kapuze oder der Kragen an seinen Füßen liegt. Erklärt ihm, dass es sich vorbeugen und die Arme in die Armlöcher stecken soll. Dann richtet es sich auf und lupft die Jacke über den Kopf. Zieht eure Jacke auf die gleiche Art an, um es ihm vorzumachen. Im Internet findet ihr viele Videos, die euch das zeigen (sucht nach »Jacken Anzieh Trick Kinder«)
2. Sobald es diesen Trick verstanden habt, legt alle vorhandenen Jacken aus. Wer kann alle anziehen? Wer macht es am schnellsten? Auf die Plätze! Fertig! Los!

Wenn eure Kleinen ein Problem damit haben, Socken anzuziehen, lasst sie mit Socken an den Händen üben. So gewöhnen sie sich daran.

Ihr könnt auch mit Kreide eure Namen auf den Boden schreiben, anstatt Linien zu ziehen.

3+

KREIDE-SOCKEN-SPIEL

Ich weiß ja nicht, wie es bei euch ist, aber immer, wenn ich Wäsche wasche, bleibt eine einzelne Socke übrig. Mit diesem Spiel könnt ihr diese Einzelsocken weiterverwerten.

IHR BRAUCHT:

- Kreide
- je ein Paar alte Socken für alle Mitspielenden

VORBEREITEN ...

1. Sucht euch einen harten Untergrund, auf dem ihr mit Kreide malen könnt (probiert es vorher aus).
2. Zieht mit Kreide lange Linien auf den Boden.
3. Lasst die Socken daneben liegen.

SPIELEN ...

1. Alle beginnen barfuß.
2. Erklärt den Kindern, dass sie so schnell wie möglich die Socken anziehen und damit die Kreidelinien wegwischen sollen. Wer zuerst seine Linien getilgt hat, gewinnt!

DEN STUHL ANZIEHEN

Als Kind sah ich mal eine Folge von *Mr. Bean*, bei der er einem Stuhl Kleidung anzog. Ich fand das so lustig, dass ich das in der Schule jedes Mal gemacht hab, wenn ich mich für die Sportstunde umziehen musste. Ich zog mein T-Shirt vorsichtig über die Lehne, den Rock über die Vorderbeine. Irgendwann machte die ganze Klasse das. Die Lehrer müssen mich geliebt haben! Tja, warum sollten eure Kids damit nicht auch ein bisschen Spaß haben?

Schnappt euch einen Kinderstuhl. Die Kleinen ziehen sich aus, streifen die Sachen über den Stuhl. Danach ziehen sie sich selbst wieder an.

Für die Älteren: So übt ihr Buchstabieren! Ist euer Kind schon weiter, knickt das Blatt jedes Mal um, wenn eine Reihe vollständig ist. So muss es sich an die Buchstaben erinnern und kopiert sie nicht nur.

Als Überraschung gibt es statt des letzten Centstücks einen Schokotaler!

4+

MÜNZEN-NAME

Als ich dieses Spiel zum ersten Mal mit Ewan ausprobierte, war es ein Reinfall. Erst war er frustriert, und dann langweilte er sich. Wenn nicht alle Spaß daran haben, lasst es! Trotzdem gebe ich auch solchen Spielen immer eine zweite Chance, wenn die Kids vielleicht bessere Laune haben oder ein paar Monate älter sind. Wir haben ja auch manchmal einen Durchhänger und am nächsten Tag geht es so richtig ab!

IHR BRAUCHT:

- Stift und Papier
- eine Handvoll Cent-Stücke (genug für alle Buchstaben der Namen eures Kindes)
- ein Sparschwein (oder eine Schachtel mit einem Geldschlitz)

VORBEREITEN …

1. Schreibt den Namen eures Kindes auf ein Blatt Papier. Je nachdem, wie gut es ihn kennt, könnt ihr auch den Nachnamen dazuschreiben. Zieht eine Linie unter jeden Buchstaben.
2. In der nächsten Reihe schreibt wieder den Namen eures Kindes, aber lasst dieses Mal einen Buchstaben aus. Zieht wieder unter jeden Buchstaben eine Linie, auch für den fehlenden.
3. Wiederholt dies, bis in der letzten Zeile nur eine gestrichelte Linie steht.
4. Legt einen Cent an das Ende jeder Reihe. (Ihr solltet so viele Reihen haben wie Buchstaben im Namen eures Kindes.)

SPIELEN …

1. Erklärt eurem Kind, dass es seinen Namen in jede Reihe schreiben soll. Es fängt oben an, in der Reihe, in der nur ein Buchstabe fehlt.
2. Jedes Mal, wenn es eine Reihe vervollständigt, darf es den Cent ins Sparschwein werfen.
3. Spielt so lange, bis alle Cent-Stücke im Sparschwein sind und es seinen ganzen Namen geschrieben hat.

Es gibt unzählige lustige Arten, Buchstaben und Dinge zu kombinieren. Versucht es mal mit einer Schatzsuche!

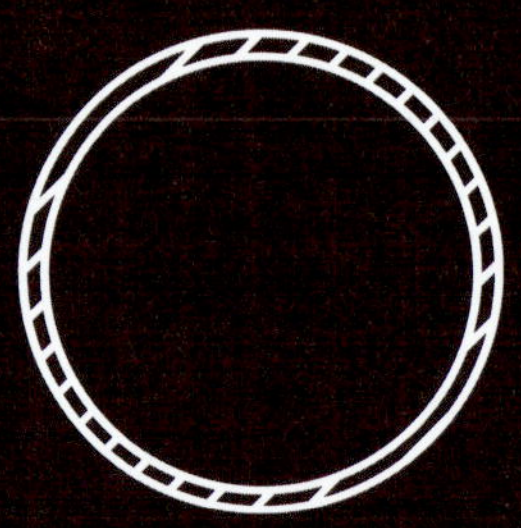

4+

abc

ZWEI REIFEN

Zum Buchstabenlernen gehört es, Laute unterscheiden zu können. (Falls ihr jetzt denkt, bitte was? – dann blättert vor zu S. 173.) Bevor Kinder die Laute der Buchstaben lernen, können sie üben, allen möglichen Lauten zu lauschen – einem Rasenmäher, einer Fahrradklingel, dem Ruf eines Tiers oder dem süßen Klang ihrer Kinderzimmertür, die sich um 19 Uhr schließt. Das Wahrnehmen von Alltagsgeräuschen hilft den Kids bei der Unterscheidung von Buchstaben. Zu wissen, wie ein Buchstabe klingt, ist wichtig. Aber erkennen sie ihn auch in einem Wort? Findet es mit diesem Spiel heraus!

IHR BRAUCHT:

- 2 große Hula-Hoop-Reifen – oder 1 kleinen Behälter oder 1 Schüssel
- 5 kleine Spielsachen oder Gegenstände
- 5 Plastik-, Magnet- oder Papierbuchstaben, die zu den Spielsachen oder Gegenständen passen

VORBEREITEN . . .

1. Legt die Reifen auf den Boden, sodass sie sich überschneiden und einen freien Bereich bilden. Habt ihr keine Reifen, legt einen Behälter auf den Boden.
2. Legt die Spielsachen in einen Reifen oder neben den Behälter.
3. Die Buchstaben legt ihr in den anderen Reifen oder auf die andere Seite des Behälters.

SPIELEN . . .

1. Bittet eure Kinder, sich ein Spielzeug oder einen Buchstaben auszusuchen. Dann sollen sie den Buchstaben oder das Spielzeug benennen und es mit dem passenden Spielzeug oder Buchstaben kombinieren. Nehmen sie beispielsweise einen Zug, sollten sie das Z dazutun oder umgekehrt.
2. Wenn sie es richtig machen, legen sie beides in das Oval zwischen den Hulas oder in den Behälter.
3. Wenn sie nicht weiterkommen, geht mit ihnen alle Dinge durch. »Hörst du ein Z in diesem Wort?«, dann betont diesen Laut. Die Kinder sollten mit Ja oder Nein antworten.
4. Wenn sie alle fünf Sachen kombiniert haben, spielt mit anderen Buchstaben und Gegenständen.

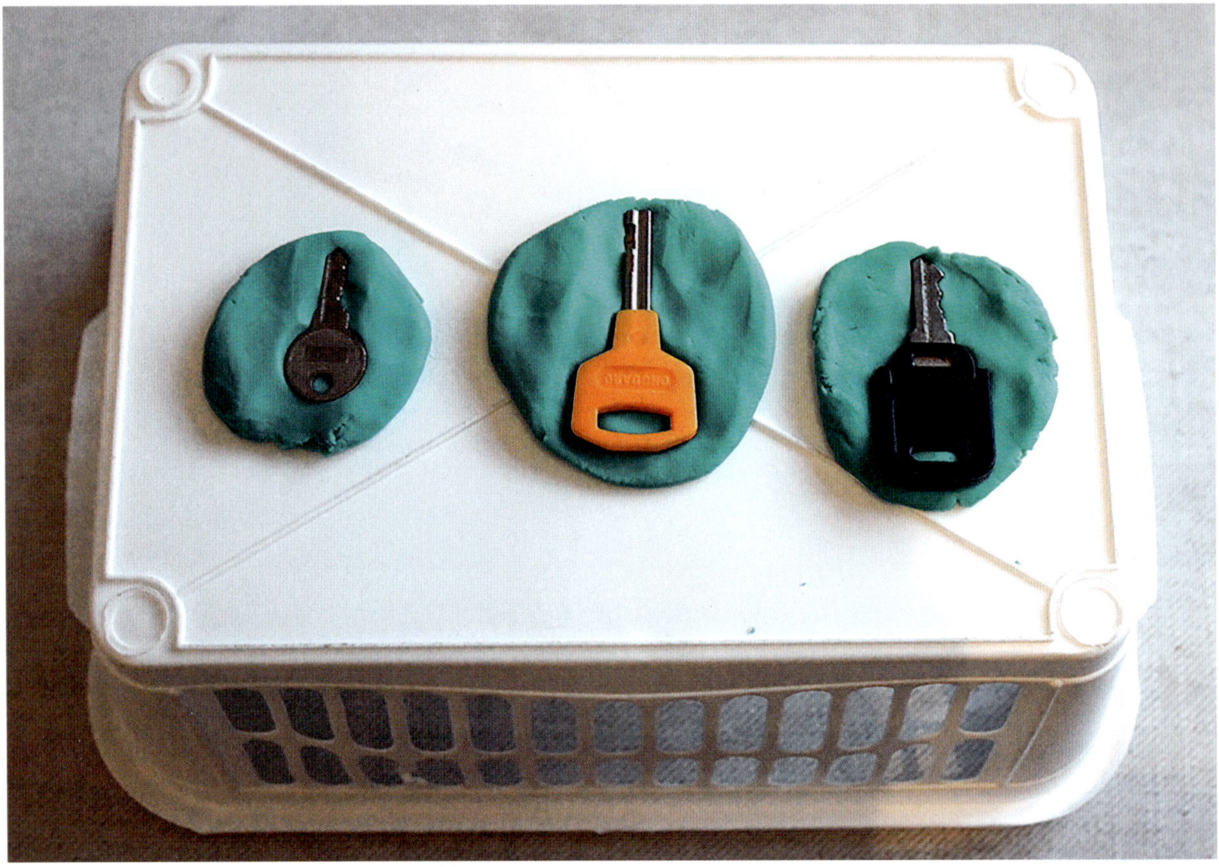

Wenn ihr keinen Würfel habt, bastelt einen Kreisel aus Pappe und einem Bleistift (siehe S. 59) oder malt Würfelaugen auf sechs Zettel und zieht sie aus einem Hut.

Werft alte Schlüssel nicht weg! Sie sind praktisch für Spiele wie dieses oder ganz allgemein zum Spielen.

4+

123

DER CODE-KNACKER

Dies ist vermutlich das beliebteste Spiel auf meinem Blog, denn es hat einen coolen Namen, bei dem die Fantasie mit den Kindern durchgeht – so wie es beim Spielen eigentlich immer sein soll. Außerdem üben sie das Schreiben von Zahlen, ohne es überhaupt zu merken. Ihr braucht zwar ein bisschen Material dafür, aber vermutlich habt ihr das eh alles zu Hause.

IHR BRAUCHT:

- 1 kleine Spielfigur, die euer Kind liebt – wir nehmen Dennis, den Dino!
- 1 kleinen Korb oder 1 kleine Schachtel
- Knete
- 3 unterschiedliche Schlüssel
- 1 Stift und Papier
- 1 Würfel

VORBEREITEN …

1. Legt die Spielfigur unter den Korb oder die Schachtel.
2. Formt drei Kugeln aus Knete, dann presst je einen Schlüssel so hinein, dass ein deutlicher Abdruck bleibt. Legt die drei Schlüsselabdrücke auf den Korb.
3. Zieht auf einem Blatt Papier den Umriss eines Schlüssels mit dem Stift nach. Malt drei Kästchen darunter. Wiederholt dies für die anderen beiden Schlüssel.
4. Legt den Würfel neben den Korb oder die Schachtel.
5. Versteckt die Schlüssel irgendwo im Zimmer.

SPIELEN …

1. Erklärt eurem Kind, dass seine Spielfigur in einem Käfig gefangen ist und befreit werden muss! Dafür muss es als Erstes die Schlüssel für den Käfig finden, die irgendwo im Zimmer versteckt sind.
2. Findet es einen Schlüssel, vergleicht es diesen mit einem der Umrisse auf dem Papier, bis es den richtigen Zettel findet.
3. Bevor euer Kind den Käfig mit dem Schlüssel aufschließen kann, muss es mit dem Würfel drei Zahlen als Code würfeln. Den Code schreibt es auf ein Blatt. Lasst es dreimal würfeln, die Zahl erkennen und sie in die Kästchen schreiben.
4. Hat es die drei Zahlen beisammen, darf es den Schlüssel in den Kneteabdruck legen.
5. Wiederholt dies für die anderen beiden Schlüssel.
6. Sobald der dritte Schlüssel im Kneteschloss steckt, ist der Käfig offen und die Spielfigur frei! Euer Kind hat in dieser Zeit neun Zahlen aufgeschrieben und jede Menge Spannung erlebt.

THU
from the Postbox at
Delivery Office,
Welman Way
Saturday

3+

POST-SPAß

Kennt ihr den Postboten Pat, der in seinem englischen Dorf für die Post zuständig ist? Es ist schon erstaunlich, dass Pat in der Trickfilm-Serie immer noch zu sehen ist, obwohl er seinen Job dermaßen lausig macht! Doch Spaß beiseite, er ist bei den Kids so beliebt, weil es für sie das Schönste ist, Dinge in einen Kasten zu werfen und zu sehen, wie sie verschwinden. Das ist echter Kleinkindhumor. Das müssen wir Großen wohl nicht verstehen. Aber wir können auf ähnliche altmodische Art Spaß haben.

SCHICKT EUCH SELBST EINEN BRIEF

IHR BRAUCHT:

- Stifte und Papier
- ein paar Briefumschläge
- Briefmarken

VORBEREITEN ...

1. Lasst Stifte und Papier für die Kinder herumliegen.
2. Legt die Umschläge und Briefmarken daneben.

SPIELEN ...

1. Erklärt euren Kids, dass sie ihrem Lieblingsspielzeug einen Brief schicken sollen. Lasst sie ein Bild malen oder eine Postkarte. Sie üben so das Schreiben ihres Namens, wenn sie mögen. Oder sie malen einfach drauflos!
2. Währenddessen schreibt ihr eine kleine Karte oder einen Brief an eure Kinder.
3. Steckt gemeinsam die Bilder oder Karten in die Umschläge. Lasst die Kinder sie verschließen und die Briefmarke aufkleben. Schreibt eure Adresse auf den Umschlag.
4. Dann macht einen Spaziergang zum nächsten Briefkasten oder zur Post und steckt die Briefe ein. Liegen diese dann in den nächsten Tagen in eurem Briefkasten, werden sich eure Kinder total darüber freuen!

TOSHIBA
ALL HAIL THE

2+

POST SPIELEN

IHR BRAUCHT:

- ein paar Plüschtiere
- 1 großen Karton
- 1 Schere
- haufenweise Geburtstags- und Weihnachtskarten
- Stifte, Papier und Umschläge (optional)
- 1 Sack als Postsack

VORBEREITEN …

1. Verteilt die Plüschtiere im Raum.
2. Schneidet ein Rechteck in eine Seite des Kartons, wie den Schlitz am Briefkasten.
3. Verstreut alle Karten auf dem Boden, zusammen mit Stiften, Papier und Umschlägen (wenn ihr die nutzt).
4. Legt den Sack in die Nähe.

SPIELEN …

1. Die Kinder werfen die Karten in den Briefkasten. Wenn sie mögen, können sie mit Papier und Stiften eigene Briefe und Karten schreiben, sie in Umschläge tun und einwerfen.
2. Dann wird der Briefkasten geleert: Die Kids packen alle Briefe in den Postsack.
3. Zum Schluss können sie die Post an ihre Plüschtiere im Raum verteilen.

Für die Kleinen: Können die Monster die Buchstaben des Namens eures Kindes in der richtigen Reihenfolge fressen?

Für die Älteren: Übt mit ihnen das Buchstabieren oder schwierige Wörter.

4+

abc

DAS BUCHSTABEN-MONSTER

Dieses Spiel könnt ihr auf viele Arten variieren! Dies hier ist meine Variante für Ewan, als er viereinhalb war und in die Kita ging. Aber ihr könnt damit auch jüngere Kinder an Buchstaben heranführen oder mit Älteren das Buchstabieren üben. Wenn ihr Lust habt, könnt ihr euer Monster überall hin mitnehmen. Und denkt an all das, was ihr früher mal in der Theater-AG gelernt habt! Aus dem Weg, Kinder!

IHR BRAUCHT:

- 1 Eierkarton oder 1 Schachtel mit Klappdeckel
- 1 Paar selbstklebende Wackelaugen (optional)
- 5 Spielzeuge oder Gegenstände aus dem Haushalt
- 1 Stift und Papier
- 1 Schere

VORBEREITEN ...

1. Klebt auf die Schachtel die Wackelaugen und macht ein Monster daraus. Wenn ihr keine Klebeaugen habt, malt sie auf Papier und klebt sie auf. Fügt noch eine Zunge hinzu, wenn ihr mögt.
2. Legt die Spielzeuge neben das Eierkarton-Monster. Für Ewan habe ich einen Löffel, ein Buch, einen Teddy, ein Auto und einen Stift benutzt.
3. Scheibt die Anfangsbuchstaben von jedem Gegenstand auf Papier und schneidet sie aus, z. B. L für Löffel, B für Buch und so weiter.
4. Fügt weitere Buchstaben hinzu, die eure Kinder lernen sollen, z. B. Vokale (siehe S. 172 bis 175).
5. Legt die Buchstaben neben das Monster und die Gegenstände. Dann lasst eure Kinder alles finden und danach fragen!

SPIELEN ...

1. Erklärt euren Kindern, dass das Monster die Buchstaben der Gegenstände fressen will. Fragt: »Kannst du das Monster mit den richtigen Buchstaben füttern?«
2. Lasst die Kinder die Buchstaben suchen und benennen. Wenn sie den richtigen auswählen, öffnet das Monster das Maul und verschlingt ihn. Knabber! Knurps!
3. Nachdem es alle Buchstaben aufgefuttert hat, bildet aus den übrigen Buchstaben einen Namen für das Monster. (Es macht nichts, wenn ihr nicht alle Buchstaben für den Namen verwenden könnt. Ewans Monster hieß MADINGO.)
4. Füttert das Monster mit seinem Namen. Nachdem es sich daran überfressen hat, spuckt es alle Buchstaben wieder aus – genau auf den Kopf eures Kindes!
5. Spielt noch mal! Findet ihr auch Sachen für die anderen Buchstaben? Wie könnte das Monster noch heißen?

Lass dein Kind abwechselnd verkaufen und einkaufen. Es ist ein super Spiel zum Zählen und Zahlenerkennen!

Für die Älteren: Denkt euch Preise mit ungeraden Beträgen aus, dann lasst sie die richtige Summe aus den Münzen zusammenstellen.

3+

IM KAUFLADEN

Als ich klein war, hatte ein Nachbarskind einen Spielzeug-Süßwarenladen. Es gab kleine Behälter mit unseren Lieblingssüßigkeiten in Miniatur, winzige Messbecher, eine Kasse und Papiertütchen. Das war für mich das magischste und zauberhafteste Spielzeug überhaupt. Und ich bin sicher, dass auch die Kinder von heute diesen Laden wundervoll finden würden. Manche Dinge kommen nie aus der Mode, und Kaufladenspielen ist eines davon. Meine beiden lieben es. Ich schiebe ihnen immer ein paar Zahlen zum Lernen unter – und dafür spiele ich sehr gern mal fünf Minuten die Frau Mümmel aus *Peppa Wutz*.

IHR BRAUCHT:

- Stifte
- Klebezettel (oder Zettelchen und Klebepads)
- 5 unterschiedliche Gegenstände
- viele Münzen – echte oder Spielgeld
- 1 kleine Geldbörse oder Handtasche
- 1 Spielkasse (wenn ihr keine habt, nehmt eine Schachtel oder Dose)
- Einkaufstaschen (optional)

VORBEREITEN ...

1. Schreibt fünf verschiedene Zahlen auf fünf Klebezettel (oder Zettel mit Klebepads). Klebt sie an die Gegenstände – das sind eure Preisschilder.
2. Tut alle Münzen in die Geldbörse oder Handtasche.
3. Stellt alles mit der Kasse so auf, dass es wie ein kleiner Laden aussieht, dann wartet, bis eure Kinder es entdecken!

SPIELEN ...

1. Begrüßt die Kinder: »Willkommen in meinem Laden! Was darf es sein?« Erklärt den Kindern, dass sie sich etwas aussuchen, zur Kasse gehen und mit der richtigen Anzahl Münzen bezahlen.
2. Sobald sie sich etwas ausgesucht haben, erklärt ihnen, wie sie das Preisschild lesen. Helft ihnen, die Zahlen zu erkennen.
3. Dann sollen sie euch die entsprechende Anzahl Münzen in die Hand zählen. Wenn sie fertig sind, kontrolliert den Betrag, indem ihr noch mal laut die Münzen in die Kasse zählt. So verinnerlichen die Kids die Zahlen und das Zählen.
4. Falls ihr einen Einkaufsbeutel habt, legt den Gegenstand hinein und sagt: »Vielen Dank! Kommen Sie bald wieder!« (Und dieses »bald« ist dann in zehn Sekunden!)

Schneidet selbst Buchstaben aus und schreibt für eure älteren Kinder eine kleine Nachricht, die sie abends unter ihrem Kopfkissen finden: ***Ich hab Dich lieb! Mama***

3+

abc

BUCHSTABEN-JAGD

Bei uns verteilt die Post immer noch Werbeblättchen und kostenlose Zeitungen. Viele Leute finden heute das, was sie brauchen, im Internet und werfen alles andere sofort in die Tonne – aber halt! Zuerst könnt ihr damit spielen! Ich weiß noch, wie ich bei meiner Oma auf dem Schoß saß. Sie zeigte beim Zeitungslesen auf das Wort »die« und fragte, ob ich noch eins finden könnte. Ich war unglaublich stolz, als ich ein weiteres »die« fand – das ist meine früheste Erinnerung ans Lesen. Und genau diesen Stolz soll dieses Spiel erzeugen.

IHR BRAUCHT:

- Postwurfsendungen
- Stifte (Textmarker sind super) und Papier
- 1 Kinderschere
- 1 Klebestift
- Papier

VORBEREITEN ...

1. Umkreist oder markiert ein paar Buchstaben in den Werbetexten.
2. Lasst diese auf dem Tisch liegen, daneben das andere Material.

SPIELEN ...

1. Geht auf Buchstaben-Jagd. Finden eure Kleinen alle Buchstaben ihrer Namen? Sie sollen sie umkreisen oder markieren.
2. Bittet sie, bestimmte Buchstaben zu finden. Wie viele entdecken sie? Ihr könnt eine Strichliste führen.
3. Lasst die Kids große Buchstaben suchen. Schneidet sie aus und klebt sie auf ein Blatt Papier. So lernen sie gut mit der Schere umzugehen.
4. Wenn eure Kinder schon Wörter können, sollen sie diese aus den ausgeschnittenen Buchstaben bilden.

Für die Kleinen:
Fangt mit 1 bis 5 an.

3+

DER ZAHLEN-KLAU

In den meisten Haushalten gibt es in einer Krimskrams-Schublade ein Kartenspiel. Auf den Karten stehen Zahlen (natürlich), also sind sie bestens für Fünf-Minuten-Spiele geeignet. Ich erinnerte mich an ein Spiel, dass wir in meiner Zeit als Teaching Assistent in einer Vorschulklasse oft gespielt haben. Mrs. Millington hat es mir gezeigt, und es ist toll für das Zahlenerkennen, Sortieren und Zählen. Ewan war drei, als ich es mit ihm ausprobierte, und er mochte es genauso wie die Kids in der Vorschule.

IHR BRAUCHT:

- 1 Kartenspiel mit 52 Karten (wenn ihr keins habt, malt euch ein paar Spielkarten)
- Knete
- 1 kleine Spielfigur

VORBEREITEN ...

1. Legt die Karten von 1 (As) bis 10 in eine Reihe.
2. Wenn ihr mögt, benutzt etwas Knete, um sie aufrecht hinzustellen.
3. Setzt die Spielfigur neben die Karten.

SPIELEN ...

1. Erklärt eurem Kind, dass die Spielfigur eine Zahl klauen will. Passt auf, ein Zahlenraub!
2. Euer Kind muss die Augen schließen, während ihr eine der Karten wegnehmt. Lehnt sie so gegen die Figur, dass die Zahl nicht zu sehen ist.
3. Dann darf euer Kind die Augen wieder öffnen. Fragt es, welche Zahl fehlt. Zeigt ihm, wie es von eins abzählen kann, um es herauszufinden.
4. Wiederholt dies, wobei die Figur immer eine andere Zahl stiehlt.
5. Lasst nach ein paar Runden euer Kind die Zahlen klauen. Oder nehmt zwei, drei Karten auf einmal weg.

Bei diesem Spiel muss auf jeden Fall die ganze Zeit ein Erwachsener dabei sein und helfen!

4+

WER WARS

Mit einer Schere umzugehen ist für kleine Hände eine ziemliche Herausforderung. Nehmt selbst mal eine in die Hand und beobachtet, was für komplexe Bewegungen fürs Schneiden nötig sind – und das erklärt dann mal euren Kindern! Wie wir das lernen, ist echt ein Mysterium. Aber keine Sorge, am Ende schaffen es alle. Dieses Spiel ist eine spaßige Übung mit Spannungseffekt. Also, wer wars?

IHR BRAUCHT:

- 1 Stift und Papier
- 5 Spielzeuge in unterschiedlicher Form
- ein paar Kissen oder Behälter (optional)
- 1 Kinderschere

VORBEREITEN ...

1. Zieht den Umriss jedes Spielzeugs in einer gepunkteten Linie auf Papier nach. Benutzt so viele Punkte, wie eure Kleinen zählen können. Wenn sie z. B. bis fünf zählen können, malt fünf Punkte und dazwischen eine dünne Linie.
2. Versteckt die Spielsachen im Zimmer.
3. Baut aus Kissen oder dem Behälter ein »Gefängnis«.
4. Legt die Schere neben die Umrisszeichnungen.

SPIELEN ...

1. Erklärt euren Kindern, dass fünf ihrer Spielzeuge unartig waren und sich verstecken – ihr könnt beispielsweise sagen, dass sie Süßigkeiten stibitzt haben. Die Kids sollen die Bösewichte finden und ins Gefängnis sperren. (Kinder halten ihren Spielzeugen gern eine Standpauke!)
2. Erzählt ihnen, dass die Spielzeuge Hinweise zurückgelassen haben, die zu ihnen führen. Können eure Kinder mit einer Linie die Punkte verbinden? Danach sollen sie den Umriss ausschneiden.
3. So erkennen sie das Spielzeug und suchen es im Zimmer. Passt die ausgeschnittene Zeichnung, ist das Spielzeug schuldig und wird ins Kissen-Gefängnis verfrachtet. Dann werden seine Komplizen gesucht!

Für Jüngere: Falls sie mit den Buchstaben noch nicht vertraut sind, gebt ihnen ein eigenes Buddeltablett und lasst sie graben!

2+

abc

BUCHSTABEN BAGGERN

Manchmal beklagen meine Freundinnen sich, dass ihre Kleinen keine Lust haben, die Buchstaben ihrer Namen zu lernen. Sie wollen immer nur mit irgendwas spielen. Heißt es dann: »Was kann ich tun?«, sage ich: »Tja, lass sie einfach mit irgendwas anderem spielen und mixe die Buchstaben da hinein.« In einem besonderen Fall waren das »Irgendwas« Bagger, Bagger und noch mehr Bagger! Also schlug ich vor, nach Buchstaben zu baggern. Natürlich können eure Kinder dabei die Buchstaben auch überhaupt nicht beachten, das ist aber nicht schlimm. Lasst sie einfach spielen. Glaubt mir – eure Kinder nehmen die Buchstaben ganz unbewusst trotzdem wahr.

IHR BRAUCHT:

- 2 Blatt Papier
- 1 Stift
- 1 Schere
- 1 großes Tablett
- kinetischen Spielsand oder etwas anderes zum Buddeln – Linsen, Haferflocken ...
- Spielzeugbagger

VORBEREITEN ...

1. Malt je sechs Rechtecke auf die Blätter. Schneidet sie aus einem Blatt aus und schreibt Buchstaben hinein. Auf dem anderen Blatt fügt kleine Kästchen neben die Rechtecke.
2. Legt die ausgeschnittenen Buchstaben auf das Tablett.
3. Verdeckt die Buchstaben mit Sand. Stellt den Bagger darauf.
4. Lasst den Stift und das Blatt mit den leeren Rechtecken daneben liegen.

SPIELEN ...

1. Erklärt den Kindern, dass im Sand Buchstaben versteckt sind. Der Bagger muss sie ausgraben!
2. Wenn sie einen Buchstaben finden, sollen sie ihn in ein leeres Rechteck malen und im kleinen Kästchen abhaken.
3. Haben sie alle Buchstaben gefunden, verstecken sie die Buchstaben für euch. Oder ihr macht mit einem Keks Buddelpause und lasst die Kids einfach weitergraben, so wie ich!

Ihr könnt dieses Spiel auch verändern. Vielleicht hat eine freche Fee den Schatz versteckt und eine Nachricht hinterlassen? Oder ein trotziger Troll oder eine böse Hexe?

4+

abc

DER PIRATENSCHATZ

»Hilfe! Wir bekommen Spielbesuch! Was sollen wir tun?« Das werde ich oft gefragt. Glücklicherweise haben viele Freundinnen und Freunde Kinder im gleichen Alter wie meine zwei, daher schrecken mich solche »Chaos-Besuche« nicht. Wir Erwachsenen verziehen uns mit einem Getränk aufs Sofa, während die Kids alle Räume im Haus verwüsten. Damit sie es nicht zu toll treiben, bereite ich oft ein Fünf-Minuten-Spiel vor. An einem Sommertag kamen die besten Freunde von Ewan und Florence zu uns, und die Kinder entdeckten, dass es auch Piratenbesuch gegeben hatte ...

IHR BRAUCHT:

- Stifte und Papier für alle Mitspielenden
- 1 Schatz – Münzen (echte oder aus Schokolade), Knöpfe oder Armbänder
- 5 Plastik-, Magnet- oder Papierbuchstaben

VORBEREITEN ...

1. Malt eine grobe Karte eurer Wohnung oder eures Gartens für jedes Kind.
2. Versteckt die Buchstaben an unterschiedlichen Orten. Versteckt den Schatz an einem anderen Ort. Ich habe ein paar Goldschokotaler im Sandkasten vergraben, aber ihr könnt sie auch unter einen Eimer oder ein Kissen legen.
3. Markiert mit Zahlen auf den Schatzkarten, wo die Buchstaben sind, und markiert den Ort des Schatzes mit einem X.
4. Rollt die Karten auf und schreibt die Namen der Kinder darauf. Legt sie neben die Eingangstür, so als hätte sie jemand dort zurückgelassen.

SPIELEN ...

1. Falls die Kinder euch nerven, fragt sie, ob sie nicht auch das Geräusch an der Tür gehört hätten ...
2. Wenn sie die Karten entdecken, reagiert überrascht. Erzählt ihnen, dass sie Piraten gehören, und sagt: »Sie haben einen Schatz versteckt! Ihr müsst der Schatzkarte folgen, alle Buchstaben finden und sie aufschreiben. Wenn ihr das richtig macht, findet ihr den Piratenschatz!«
3. Helft ihnen beim ersten Hinweis, dann folgen sie der Karte zu den Buchstaben. Achtet darauf, dass sie die gefundenen Buchstaben aufschreiben.
4. Nur mit den fünf Buchstaben finden sie den Schatz! Falls eure Kids und ihre Gang so sind wie unsere, sind sie kaum zu halten – und üben ganz nebenbei fünf Buchstaben. Bingo!

Für die Älteren: Lasst sie die Zahlen am Papierrand auflisten, rückwärts zählen und zeichnen oder schreibt die Zahlen in Zweier-, Fünfer- oder Zehnerschritten auf.

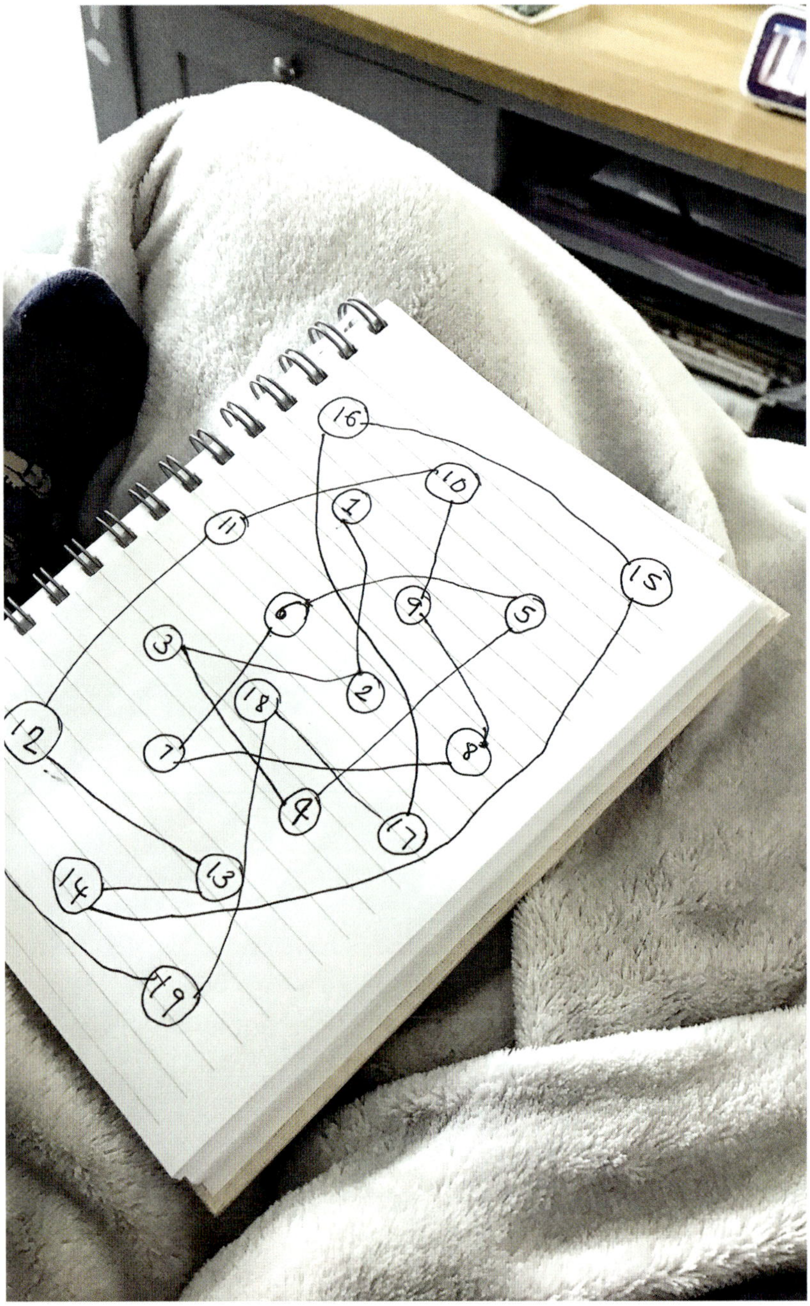

Die Riesenversion besteht aus großen Zahlen, Klebepads und einem Wollknäuel. Dann kann euer Kind Spinne spielen!

3+

SPINNENNETZ

Dieses Spiel ist supereinfach (und so was liebe ich). Außerdem lernen die Kinder ganz nebenbei die Zahlen. Ich habe das Spiel eines Tages erfunden, weil ich das Sofa nicht verlassen wollte. Gerade hatte ich eine meiner unendlichen To-do-Listen geschrieben, als der dreijährige Ewan auftauchte und mich fragte, was ich da täte. »Möchtest du mir helfen ein Spinnennetz zu malen?«, fragte ich ihn. Er wollte.

IHR BRAUCHT:

- Stifte und Papier

VORBEREITEN ...

1. Schreibt Zahlen durcheinander irgendwo auf das Blatt und kreist jede ein. Ich habe damals die Zahlen von 1 bis 20 aufgeschrieben, aber ihr könnt so viele nehmen, wie euer Kind kennt.
2. Lasst das Blatt liegen, damit euer Kind es findet.

SPIELEN ...

1. Fragt euer Kind, ob es ein Spinnennetz malen will. Falls ja, zeigt ihm das Blatt und bittet es, die kleinste Zahl zu finden.
2. Wenn es die Eins gefunden hat, fragt: »Was kommt dann?« Wenn es »zwei« sagt, zieht eine Linie zwischen der Eins und der Zwei.
3. Findet es die nächste Zahl? Lasst es schwierig aussehen, indem die Linien kreuz und quer über das Blatt gehen. Falls es die nächste Zahl nicht weiß, zählt von vorn.
4. Sobald das Netz fertig ist, beschreibt das nächste Blatt mit Zahlen und gebt eurem Kind den Stift. Es soll versuchen, die Zahlen zu verbinden und ein Krickelkrakelnetz zu malen.

Damit das Spiel etwas länger dauert, versteckt die Eier in der Wohnung.

Für die Älteren: Versteckt mehrere Silben im Ei, aus denen sie ein Wort bilden sollen.

EIER KÖPFEN

Aus irgendeinem seltsamen Grund schauen alle Kinder, die ich kenne, diese unglaublich langweiligen YouTube-Videos, auf denen Leute Eier köpfen! Das brachte mich auf die Idee für ein Spiel. Ihr könnt es für alles nutzen: Lernen von Zahlen, Buchstaben, Formen oder Farben für die ganz Kleinen oder kniffliges Buchstabieren für die Älteren.

IHR BRAUCHT:

- 1 Stift
- 5 Papierzettel
- Knete
- Alufolie
- Eierbecher
- 1 Teelöffel

VORBEREITEN …

1. Schreibt auf jeden Zettel etwas, das euer Kind tun oder lernen soll. Als ich es mit Ewan spielte, ging es um die Silben (siehe S. 173/174).
2. Faltet jeden Zettel so klein wie möglich, dann versteckt ihn in einem Knete-Ei.
3. Wickelt jedes Knete-Ei in Alufolie.
4. Stellt ein Knete-Ei im Eierbecher auf den Tisch, legt den Löffel und die anderen Eier daneben.

SPIELEN …

1. Erklärt den Kindern, dass in jedem Ei etwas versteckt ist.
2. Lasst sie die Alufolie vom Ei ziehen und es dann mit dem Löffel köpfen.
3. Was ist drin? Wissen sie es? Schaut gemeinsam, was auf dem Zettel steht.
4. Wiederholt dies mit den anderen Eiern.
5. Können sie euch auch ein Ei machen, indem sie auf ihre eigenen Zettel Buchstaben, Formen oder Zahlen schreiben? Setzt Teewasser auf und lasst sie machen!

Fantasiewörter helfen den Kindern dabei, Silben lesen zu lernen! Warum, erfahrt ihr auf S. 173.

Es werden auch unhöfliche Wörter dabei herauskommen. Sprecht sie normal aus, dann sagt, dass es dumme Wörter sind.

4+

abc

QUATSCH-SUPPE

Ein Klassiker! Mir kommt es vor, als würde ich euch jetzt ein pädagogisches Geheimnis verraten, denn dieses Spiel habe ich in allen Kindergärten in allen möglichen Versionen gespielt. Es ist ein Spiel, bei dem es um Laute (siehe S. 173) geht, also um das Lesen. Anfangs ist es für einige Kinder richtig schwierig, die Buchstabenlaute zu Wörtern zu verbinden – wenn sie z. B. »B-A-U-M« in einem Buch sehen, können sie zwar die Buchstaben benennen, aber sie verstehen das Wort nicht. Man könnte durchdrehen. In so einem Fall legt das Buch weg und probiert dieses Spiel ...

IHR BRAUCHT:

- 2 unterschiedlich farbige Blatt Papier
- 1 Stift
- 1 Schere
- 1 große Schüssel
- 1 Holzlöffel

VORBEREITEN ...

1. Schreibt auf das eine Blatt zehn Konsonanten.
2. Auf das Blatt in der anderen Farbe schreibt alle Vokale.
3. Schneidet die Buchstaben aus, faltet sie zusammen und werft sie in die Schüssel. Legt den Holzlöffel daneben.

SPIELEN ...

1. Erklärt, dass ihr heute Quatsch-Suppe kocht. Sagt: »Schauen wir mal, wie quatschig die ist!«
2. Lasst die Kinder die Buchstaben durchrühren und alle singen: »Heute gibt es Quatsch-Suppe, Quatsch-Suppe ...« Dann dürfen sie mit dem Löffel einen Konsonanten herausholen. Danach fischen sie nach einem Vokal, dann wieder einen Konsonanten.
3. Bittet sie, die Zettel aufzufalten.
4. Bittet sie, die Buchstaben und ihre Laute zu benennen. Ergeben sie ein richtiges Wort oder ein QUATSCHWORT?

Das ist ein tolles Spiel für Sprache und Sprechen, ganz ohne zu schreiben. Macht eine Pause und lasst eure Kinder entscheiden, was als Nächstes passiert!

3+ abc

»ERZÄHL MIR EINE GESCHICHTE«

Hat euer Kind das schon mal verlangt? Meine Oma hatte unzählige Geschichten von einer Maulwurfwelt unterm Rasen im Kopf. Von der erzählte sie, wenn wir beim Spaziergang über Maulwurfshügel stolperten. Heute gibt die verrückte Oma (wie meine Kids sie nennen!) Storys von Feen und Maulwürfen zum Besten, und die Kids haben genauso viel Spaß wie ich damals. So können sie dabei sogar etwas lesen!

IHR BRAUCHT:

- etwas zum Draufschreiben – eine Zaubertafel, eine Tafel, ein Whiteboard, Kreide und eine Wand oder einen Stift und Papier
- eure Fantasie!

VORBEREITEN ...

Habt das Schreibzeug in eurer Nähe.

SPIELEN ...

1. Fragt die Kinder, ob sie eine Geschichte hören wollen. Wenn ihr die Geschichte erzählt, stoppt immer, wenn ihr zu einem Drei-Buchstaben-Wort gelangt (oder zu einem einfachen Wort aus zwei Silben), und schreibt es auf, anstatt es zu sagen. Lasst eure Kids die Geschichte miterzählen.

   Hier ein Beispiel:

   Sagt: »Eines Morgens erwachte der ...«, schreibt WAL und wartet, ob eure Kids das Wort erkennen, dann sagt: »... und schnappte sich seinen ...«, schreibt HUT.
   Sagt: »Er nahm den ...«, schreibt BUS, dann erzählt: »... und fuhr zu seinem Freund, dem ...«, schreibt UHU.
   Sagt: »Dort gab es mittags ...« Lasst dieses Mal die Kinder sagen, was es zu essen gab. Meine sagten »Pommes«.
   Sagt: »Und als Nachtisch ...«, schreibt EIS.
   Sagt: »Danach musste der Wal ein ...«, schreibt BAD, »nehmen.«
   Sagt: »... und deshalb kehrte er ins Meer zurück«, und schreibt ENDE.

WIE LERNEN KINDER LESEN?

Vielleicht denkt ihr jetzt, Lesen lernen die Kids in der Schule, was geht mich das an? Doch wir Eltern können schon vorher beginnen, unsere Sprösslinge an Buchstaben und Zahlen zu gewöhnen – zumal Kinder neugierig die Welt um sich herum entdecken und damit auch die Zeichen, die sie ständig sehen. Sie stellen Fragen, und spätestens, wenn ihr Name an ihrem Fach in der Kita steht, fangen sie an, sich mit Buchstaben und Lauten zu beschäftigen. Ich gebe euch hier einen kurzen Abriss zum Lesenlernen und liefere euch Ideen, wie ihr eure Kids dabei spielerisch unterstützen könnt – auch mit all den Fünf-Minuten-Spielen aus diesem Buch.

REDEN, REDEN, REDEN

Lesen ist eine ziemlich erstaunliche Fähigkeit unseres Gehirns. Anders als Laufen oder Sprechen ist es nicht genetisch angelegt. Lesen müssen wir LERNEN. Keine Panik, das kann ich euch in fünf Minuten erklären. Erst einmal ist es wichtig, dass wir sprechen können. Nur wenn Kinder Sprache hören, selbst sprechen und sich verständlich machen können, sind die Grundlagen fürs Lesen gelegt. Für uns Eltern heißt das, dass wir mit unseren Kids reden müssen, und zwar von Anfang an. Das ist so weit völlig normal und selbstverständlich. Wir reden mit ihnen – am besten in vollständigen Sätzen und nicht in Babysprache: Wir begrüßen sie, sagen, was wir machen, kommentieren, was sie machen, lesen ihnen vor, singen mit ihnen, treiben Scherze und lachen mit ihnen. Durch all das gewöhnen sich die Kleinen an die Sprache, an ihren Klang und ihre Laute. In ihren Gehirnen bilden sich neuronale Verknüpfungen, also Sprachbahnen, die dafür sorgen, dass sie LAUTE wiedererkennen und lernen. Das nennt man PHONOLOGISCHE BEWUSSTHEIT. Und die Wissenschaft dazu heißt PHONETIK, und wir lieben doch Fachbegriffe, oder? Ich hoffe, ihr könnt mir folgen.

Ständige Wiederholungen gehören dazu, selbst wenn ihr das Lied oder das Buch manchmal kaum noch ertragen könnt. Für eure Kids ist es das Beste! Denn ein Kind muss ein Wort ungefähr vierzig Mal hören, bevor es in seinen Sprachschatz übergeht. Dafür braucht es ein gutes Sprachvorbild. Zeigt ihr zusätzlich beim Sprechen, Reimen oder Singen auch noch auf die Gegenstände, die ihr mit bestimmten Wörtern benennt, so lernen eure Kleinen ziemlich rasant, dass gewisse Laute Wörter bilden, die wiederum eine bestimmte Bedeutung haben. So verfügen die Kinder, noch bevor sie mit dem Lesenlernen beginnen, bereits über einen phonologischen WORTSCHATZ. Das sind alle die Wörter, die sie nur vom Hören und Sprechen kennen. Am Ende ihrer Kita-Zeit benutzen Kinder ungefähr 5000 bis 6000 Wörter und kennen insgesamt bis zu 30 000. Sie sind damit bereits Profis für gesprochene Sprache.

Wichtig beim Sprechenlernen ist für eure Kinder, dass sie eure MUNDBEWEGUNG sehen, wenn ihr mit ihnen redet. Sie ahmen nach, was sie sehen – und wenn sie selbst beim Reden ihre Lippen bewegen, hören sie, wie sich Laute dadurch verändern. Dabei stärken sie ihre Mundmotorik, die für eine korrekte Aussprache wichtig ist, und lernen, die Laute genauer zu unterscheiden. Die Puste-Spiele aus diesem Buch unterstützen das zusätzlich (siehe S. 105 und 203).

BUCHSTABEN ERKENNEN

Ihr kennt sicher die Frage von euren Kids: »Was steht da?« (und ihr müsst euch dann rasch eine Alternative für ein Schimpfwort oder etwas anderes, nicht Kindgerechtes ausdenken). Eure Kinder sind in einem Alter, in dem gedruckte Wörter ihre Neugierde wecken. Jetzt beginnt der Prozess des Lesenlernens. Dafür müssen die Kinder zunächst die einzelnen Buchstaben an ihrer Form erkennen und dieser Form einen Laut zuordnen, den sie durch das Sprechen bereits kennen. Wenn ihr ihnen die Buchstaben näherbringen wollt, nehmt immer nur einen Großbuchstaben, bis der eurem Kind vertraut ist. Das wiederholte ABMALEN von Buchstaben gehört dazu und ist quasi eine Vorstufe des Schreibens. Meine Kids habe ich mit den Spielen *Zielübung* (S. 63) und *Buchstaben-Rennbahn* (S. 75) langsam an die Buchstaben herangeführt. Nehmt euch dafür ein paar Wochen Zeit – durch das beständige Wiederholen ohne Zeitdruck gewöhnen sich die Kinder ganz von selbst an die Buchstaben. Sprecht auch mit den Erzieherinnen und Erziehern im Kindergarten darüber, damit ihr euer Kind gemeinsam bestmöglich unterstützen könnt. Keine Eile!

LAUTE SPRECHEN

Sobald euer Kind eine gewisse Anzahl an Buchstaben (des Alphabets) erkennt und sie vielleicht schon selbst malen kann, könnt ihr diese zu Silben verbinden. Hierbei stehen vor allem die Vokale, also A, E, I, O und U, im Mittelpunkt, die in jedem unserer Wörter auftauchen. Hinzu kommen am Anfang einfache Konsonanten wie M, L, P. Es geht hier um die Laute (der Phonologie). Sprecht diese Konsonanten als Laute aus, also als »Mmm«, »Llll«, »Ph« (wie ein tonloses Ploppen der Lippen), nicht als »Em«, »El« oder »Pe« aus, damit die Kinder leichter die Buchstaben und Silben verbinden können. Sie sprechen dann *Mma-Mma* und nicht *Em-A-Em-A*. Aus diesen ersten Buchstaben und Silben könnt ihr bereits viele kurze Wörter aus drei oder vier Buchstaben kombinieren – wie *OMA, PAPA, LOLA, LILA, LAMA, LIMO* ...

Wenn ihr das so macht, lernen Kinder, die Buchstabenlaute besser mit einem Wort zu verknüpfen, und sie lernen so auch rascher lesen. Wenn eure Kinder die Laute aussprechen und die Buchstaben eines Wortes sehen, verbindet ihr kleines Gehirn Laut, Buchstaben und Wort miteinander. Deshalb sind einfache Zuhörspiele auf dem Weg zur Buchstaben-Laut-Verknüpfung für Kinder so wichtig.

SILBEN BILDEN

Kinder erkennen beim Lesen als Erstes die Formen der einzelnen Buchstaben, bilden dann Silben, hören deren Klang, verbinden die Silben zu Wörtern und entschlüsseln schließlich deren Bedeutung. Nehmt nach und nach weitere Buchstaben dazu, z. B. K, N, S. Auch bei diesen ergibt die Kombination mit den Vokalen Silben, die zum Teil schon

Wörter sind, wie *ES* oder *IN*. Zusammen mit den bereits bekannten Buchstaben ergeben sich nun viele Silben, die ihr wiederum zu neuen Wörtern wie *KOLA*, *KINO*, *LENA* oder *LUKAS* verbinden könnt. Wenn ihr euren Kindern die Silben vorsprecht, tut dies langsam, damit sie die bekannten Buchstabenformen den Lauten zuordnen und abspeichern können.

WÖRTER LESEN

Mit der Zeit und mit beständigen Wiederholungen werden eure Kinder mit den Buchstaben und den Silben immer vertrauter, sodass es nur noch ein kleiner Schritt ist, aus den Silben Wörter zu bilden und sie zu lesen. Wenn eure Kids das mit Freude und Spaß quasi selbst entdecken, ergibt sich das Lesenlernen wie von selbst. Ihr solltet ihnen und euch die Freude daran nicht durch verkrampfte Sprachförderung verderben. Spielt lieber mit Buchstaben und Silben: Legt Quatschwörter, die keinen Sinn ergeben, sprecht auch diese korrekt aus, damit eure Kinder den Unterschied hören können. Dann lacht euch gemeinsam darüber kaputt. Bestärkt eure Kinder, indem ihr richtige Wörter abfeiert. Beschämt sie nicht bei falschen Wörtern, sondern wiederholt ganz selbstverständlich, wie das Wort richtig heißt und sprecht es ganz langsam und deutlich aus.

Je vertrauter die Kinder schließlich mit den Buchstaben und Silben sind, umso mehr Wörter könnt ihr ergänzen. Neben den Namen eurer Kinder können das alltägliche Begriffe sein, die den eigenen Körper, die Kleidung, das Essen, euer Zuhause, die Kita, Freunde, Farben oder Spielzeug benennen. Eurer Fantasie sind dabei keine Grenze gesetzt – findet Wörter mit wenigen Buchstaben, die eure Kids schon kennen. Wenn ihr einen kleinen Saurier-Fan zu Hause habt, probiert »Dino« oder »T-Rex«.

GRUNDLAGEN SIND GENUG

Vergesst bei alledem jedoch nicht, dass ihr nicht die Schule seid. Eure Kinder lernen in der Grundschule lesen und schreiben. Daher macht euch KEINEN STRESS, sondern lasst immer eure Kinder entscheiden, wie intensiv sie sich mit den Buchstaben beschäftigen wollen (denkt an die **GOLDENE REGEL**!).

Für die deutsche Rechtschreibung sind zwar Groß- und Kleinbuchstaben sehr wichtig, aber es verwirrt Kinder, wenn ihr sofort Groß- und Kleinbuchstaben zusammen verwendet. Eure Kids müssen sich dann nämlich für einen einzigen Laut gleich zwei unterschiedliche Buchstabenschreibweisen merken. Einfacher wird es, wenn ihr den kleinen Naseweisen nur die Großbuchstaben in Laut und Schrift beibringt, da kommt keine Verwirrung auf. Auch schwierige Buchstaben (z. B. Q, CH oder Y), Umlaute (Ä, Ö, Ü) und Doppellaute (EI, AU, AU, AI) könnt ihr entspannt den Lehrerinnen und Lehrern überlassen. Erklärt euren Kids, dass es neben den einfachen Buchstaben und Silben, die sie schon so gut können, noch mehr gibt, die sie später in der Schule lernen werden. Und in der Zwischenzeit ist JEDES Alphabet- und JEDES Buchstabenspiel, das ihr mit euren Kindern spielt, GROSSARTIG! Punkt.

Das deutsche Alphabet besteht aus 26 Buchstaben. Davon sind 5 Vokale: A, E, I, O, U.; die restlichen 21 sind Konsonanten.

Die Konsonanten sind in leichte und schwierige eingeteilt. Für deutschsprachige Kinder leicht auszusprechen sind L, M und P. Bereits mit etwa neun Monaten fügen Kleinkinder diese Buchstaben zu Doppelsilben wie *MAMA* und *PAPA* zusammen.

Falls ihr Zuhause zwei Sprachen oder zusätzlich einen Dialekt sprecht, überlegt, welche Silben und kurzen Wörter in einer Sprache Quatsch und in der anderen eine Bedeutung ergeben (z. B. *DAD* bedeutet im Englischen *PAPA*).

Der *YouTube*-Kanal TiRiLi Kinderlieder präsentiert ein Abc-Anlautlied, bei dem die Buchstaben in Lauten gesprochen werden: https://www.youtube.com/watch?v=jxnHoo2fFSo.

Das Lesen von Silben könnt ihr mit älteren Kindern so üben: Malt die fünf Vokale sowie drei leichte Konsonanten jeweils auf ein Blatt. Legt aus den Vokalen einen Kreis, in der Mitte liegt ein Konsonant. Von innen nach außen bilden die Kids Silben (MA, MO, MI, ME, MU) oder auch von außen nach innen (AM, OM, IM, EM, UM). Welche Wörter erkennen eure Kinder? Was kommt raus, wenn sie zwei Silben zusammensetzen?

Die einzelnen Buchstaben können eure Kinder auch so erkunden: Die Konturen eines Buchstabens zeichnen; den Buchstaben ausmalen oder die Ränder nachzeichnen; den Buchstaben mit Holzstäbchen (z. B. Zahnstochern) legen; den Buchstaben in den Sand oder in die Luft zeichnen; den Buchstaben aus Knete formen.

Ihr müsst nicht den gesamten Lernprozess kennen und danach vorgehen. Wichtig ist, dass ihr und eure Kids Spaß haben. Damit habt ihr eine gute Grundlage geschaffen. Den Rest erledigt die Schule!

Wenn eure Kids auf Tiere stehen, liefern die Lichterkinder ein cooles Tier-Abc-Lied: https://www.youtube.com/watch?v=tb5U2ThTlh0.

Wenn ihr mehr über die Englische Aussprache wissen wollt, guckt einfach auf meiner Webseite vorbei: https://fiveminutemum.com/2018/06/15/wtaf-is-phonics/.

5

SCHNELLE IDEEN FÜR ...

EIN GUTES GEWISSEN

FÜNF MINUTEN RUHE
DIE KLEINSTEN
REGENTAGE
KARTON-SPIELE
FRÜHLINGSTAGE
MALEN UND KRITZELN
CHAOS-SPIELE
SONNENTAGE
WASSERSPIELE
HERBSTTAGE
HENRY UND SEINE MUKO-KUMPELS
WÜTENDE ZWEIJÄHRIGE
FARBEN
AM STRAND
FORMEN UND KLÖTZE
NATUR-SPASS
MAGNETBUCHSTABEN UND -ZAHLEN
WEIHNACHTEN

FÜR EIN GUTES GEWISSEN

Als ich Kinder bekam, verlief meine Zeit auf einmal nach völlig neuen Regeln. Während der VK-Ära (Vorkind-Ära) folgte die Zeit der Uhr an der Wand, doch in der MK-Ära (Mitkind-… – okay, ihr habt's raus) verlief die Zeit entweder im Zeitraffer oder sie stand vollkommen still. An einem Tag verschwand der Knirps im Bad, während ich das Baby fütterte. Sekunden später hörte ich, wie die Klopapierrolle in Lichtgeschwindigkeit abgerollt und der Wasserhahn ständig auf- und zugedreht wurde. Ich brauchte dann eine Stunde, um das Chaos wieder aufzuwischen, während ich noch auf das Bäuerchen des Babys wartete und plötzlich feststellte: »Verdammt! **WIR KOMMEN ZU SPÄT IN DIE KITA … SCHON WIEDER**.«

An anderen Tagen fütterte ich dasselbe Baby auf demselben Sofa mit demselben Knirps daneben, aber hatte noch eine Stunde, bis die Kita anfing. Es war noch zu früh für ein zweites Frühstück, wir hatten bereits eine Stunde Kinderfernsehen geschaut, und ich sehnte mich nach einem erwachsenen Gegenüber. Mir war so **LANGWEILIG!**

Es ist allseits bekannt (außer in der »Genieße jeden Augenblick«-Fraktion), dass wir unsere Kinder lieben und Spaß mit ihnen haben, aber zugleich das Elterndasein als schwierig, langweilig und vereinsamend empfinden. Diese Gefühle begleiten uns ständig – wir wechseln manchmal in Sekunden zwischen Dankbarkeit und Langeweile hin und her, und genau das macht uns ein schlechtes Gewissen. Aber so richtig. Ein fettes Pfund an schlechtem Gewissen. Ich finde jedoch, wenn ihr ein schlechtes Gewissen habt, beweist das nur, dass ihr sehr gute Eltern seid. Ihr sorgt euch um eure Kinder und wollt bessere Eltern sein, nicht wahr? GUT GEMACHT. (Das sage ich mir dann immer.)

Aber im Grunde sollten wir dieses Schuldgefühl ablegen. Es loswerden. Uns selbst befreien. Und zwar **GENAU** damit:

SCHNELLE IDEEN!

In diesem Kapitel findet ihr all die Ideen, die ich nutze, wenn ich ein schlechtes Gewissen habe. Ich greife immer wieder auf sie zurück, auch weil sie ganz leicht umzusetzen sind. Sie werden eure Kinder lange genug beschäftigen, damit ihr ein wenig Zeit für etwas anderes habt, oder ihr macht das Spiel zusammen, damit der lange (oder langweilige) Tag schneller vergeht. Sie sind besonders geeignet für die Kleinsten ab einem Jahr aufwärts. All das habe ich gemacht, als meine Sprösslinge noch ganz klein waren und ich sie beschäftigen musste, damit ich das Essen zubereiten oder das Bad putzen konnte. Bevor ich etwas erledige, spiele ich mit meinen Kids gern fünf Minuten – dann habe ich hinterher kein schlechtes Gewissen, wenn ich sage: »Geht und spielt allein.« Sie hatten schon etwas Quality-Time mit mir und können dann eigenständig spielen. Und ich fühle mich nicht schuldig.

Nachdem ich all diese schnellen Idee aufgeschrieben hatte, merkte ich erst, wie viele es gibt! Das habe ich **MEINER EIGENEN MUM** zu verdanken. Sie ist die Königin der schnellen lustigen Spiele für Kinder. Als ich sah, wie sie für meine Kinder die Spiele aufbaute, ging mir auf, warum meine eigene Kindheit so glücklich war und warum ich vermutlich schon immer dafür bestimmt war, eine *Five-Minute-Mum* zu werden ...

Räumt die Spielzeuge eurer Kids auf. Das führt zwar oft dazu, dass sie sich wieder genau damit beschäftigen wollen. Aber so nervig es sein kann, Sachen wieder wegzuräumen, so stellt es doch IMMER den Familienfrieden wieder her. Ihr könnt es auch in ein Spiel mit euren Kleinen umwandeln: Wer zuerst alles weggeräumt hat, gewinnt!

FÜNF MINUTEN RUHE

Ah, Ruhe. Danach sehnen wir uns, seit der kleine Mensch sein erstes »Wuäh!« gebrüllt hat. Auf Knien betteln wir: »Kind, gib mir bitte nur fünf Minuten.« Hoffentlich liefern diese Ideen sie euch – und mit etwas Glück sogar ein paar Minuten mehr. Also wählt ein Spiel aus, und dann rasch! Zur Toilette! Schreibt die Mail! Setzt das Wasser auf! LOS!

1. EINE »ECHTE« HANDTASCHE 1+

Holt eine alte Tasche und eine Geldbörse – wenn ihr keine habt, besorgt sie auf dem Flohmarkt. Wenn euer Kind nicht mehr alles in den Mund steckt, füllt die Börse mit einigen echten Münzen und tut sie in die Handtasche. Legt alte Fahrkarten oder abgelaufene EC-Karten, alte Schlüssel und anderen Kleinkram hinein, sodass es wie die Tasche eines Erwachsenen aussieht. Lasst euer Kind sie finden und erkunden!

2. PLUNDERBOX 1+

Ein echter Favorit! Kennt ihr das Plastikzeug, das als Beigabe mit Kinder-Magazinen oder Fast-Food-Menüs kommt? Mit dem dreißig Sekunden gespielt wird und das dann in der Ecke landet? Sammelt alles in einem Schuhkarton, an den die Kids nicht rankommen. Jedes Mal, wenn ihr solches Zeug bekommt, ab damit in den Karton, statt in den Müll. Und wenn ihr dann mal fünf Minuten braucht, zieht diese Spielzeugkiste raus. Eure Kids werden denken, es sei Weihnachten!

3. TEDDY-SEILBAHN 2+

Nehmt ein Seil, knotet das eine Ende an etwas Hohes (z. B. das Treppengeländer), das andere an etwas Niedriges am Boden. Nehmt einen kleinen Klemmbügel oder befestigt Wäscheklammern an einem Drahtbügel. Legt ein paar Plüschtiere heraus. Lasst die Kinder sie anklippen und die Seilbahn hinuntersausen. Wuuusch! Und schon rutschen die Teddys immer wieder runter! Das Spektakel schaue ich mir gern aus der Ferne mit einer Tasse Kaffee an.

4. WASSERSCHÜSSEL 1+

Hört sich übel an, oder? Ist es aber nicht, wenn ihr es folgendermaßen macht: Füllt eine Waschschüssel mit Wasser und stellt sie in die Dusche oder Badewanne. So können eure Kids planschen, so viel sie wollen, und ihr müsst nichts aufwischen! Werft ein paar Dinge ins Wasser – Messbecher, ein Spielservice, Löffel – und lasst die Kleinen Wasser schöpfen. Setzt euch daneben und textet euren Freunden und Freundinnen, wer grad Zeit für einen Plausch hat. Anyone?

5. FOTOSHOOTING 3+

Stellt am Smartphone die Kamera für eure Kinder an, damit sollen sie ihre Lieblingsspielzeuge fotografieren. (Beim iPhone aktiviert in den Einstellungen unter »Bedienungshilfen« »Geführter Zugriff«. So funktioniert nur eine App, und eure Kids versenden nicht aus Versehen E-Mails, rufen die Polizei an oder kaufen sechs Paar Schuhe.) In der Zwischenzeit widmet euch entspannt anderen Dingen.

Kleinkinder zwischen ein und zwei Jahren lieben Bilderbücher mit Aufklapplaschen. Stellt selbst welche aus normalen Büchern und ein paar Klebezetteln her.

DIE KLEINSTEN

Manchmal ist es ganz schön knifflig, sich für die Kleinsten zwischen ein und zwei Jahren etwas auszudenken. Als meine so alt waren, war ich nicht so kreativ (der ständige Schlafentzug hatte mein Hirn aufgeweicht), aber die folgenden Spiele haben uns Spaß gemacht, wenn ich (dank vieler Koffein-Infusionen) etwas Energie versprühen konnte.

1. DAS SPIELZEUG IST WEG! 1+

Nehmt drei Becher (Eimer oder Schüsseln), versteckt ein kleines Spielzeug unter jedem. Hebt die Becher nacheinander hoch und zeigt eurem Kid das Spielzeug. Verschiebt die Becher und lasst das Kind jedes Spielzeug finden. Wenn es sich langweilt, setzt die Spielzeuge auf die Becher und schnappt euch einen Ball. Lasst euer Kind das Spielzeug mit dem Ball herunterschießen oder -werfen.

2. FOTO-PUZZLE 1+

Liegen bei euch noch alte Fotos herum, die ihr nicht mehr einrahmt oder einklebt? Oder habt ihr vielleicht von einem hundert drucken lassen, um zwanzig Prozent Rabatt zu kriegen, und es sind noch welche übrig? Kommt vor. Macht einfach Puzzles draus. Für die Kleinsten schneidet das Foto in einer Schlangenlinie einmal durch. Sprecht beim Puzzeln darüber, wer oder was darauf zu sehen ist. Für ältere Kids könnt ihr die Fotos in mehrere Teile schneiden. Junge Kinder lieben bekannte Gesichter, so könnt ihr die Namen üben und viel miteinander reden.

3. SOFATUNNEL UND HÖHLEN 1+

Ein Klassiker! Baut einen Tunnel, durch den euer Baby krabbeln kann. Aus Kissen, Sofadecke, Couchtisch und Stühlen zaubert einen Gang. An einem Ende kann eine Höhle sein. Ich habe mal einen Tunnel durch unser ganzes Wohnzimmer gebaut. Den Kids gab ich einen Softball, den sie da hindurch befördern sollten.

4. PASTA-POST 1+

Einer der Favoriten auf meinem Blog. Nehmt eine kleine Schachtel und bohrt überall Löcher hinein. Füllt einen Becher mit ungekochten Nudeln (nehmt größere wie Penne, keine Spaghetti). Euer Kind soll sie in die Löcher »einstecken«. Das sind gut fünf Minuten Ruhe! (Achtung! Kleine Kinder werden die Nudeln probieren, also lasst sie dabei nicht aus den Augen.)

5. BALLONS 1+

Ich habe immer ein paar Luftballons in meiner Krimskrams-Schublade für Geburtstage oder langweilige Tage. Blast ein paar auf und malt ein lustiges Gesicht darauf. Dann können die Kleinen die Ballons umherwerfen oder sie fangen. Benutzt Plastik- oder Pappteller als Schläger.

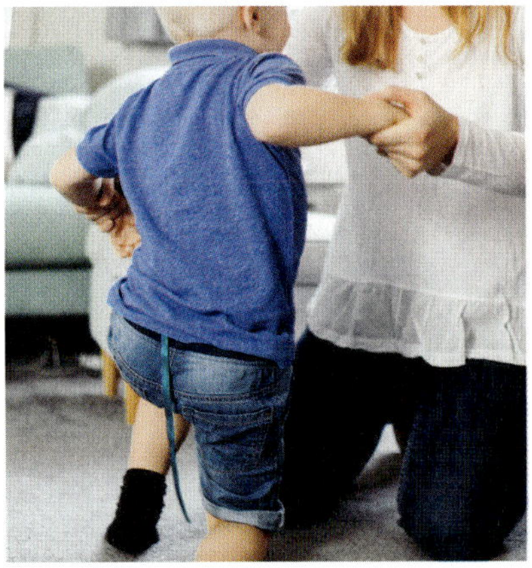

Weekly News
FLOODING FEAR IN THE WAKE OF MOOR BLAZES

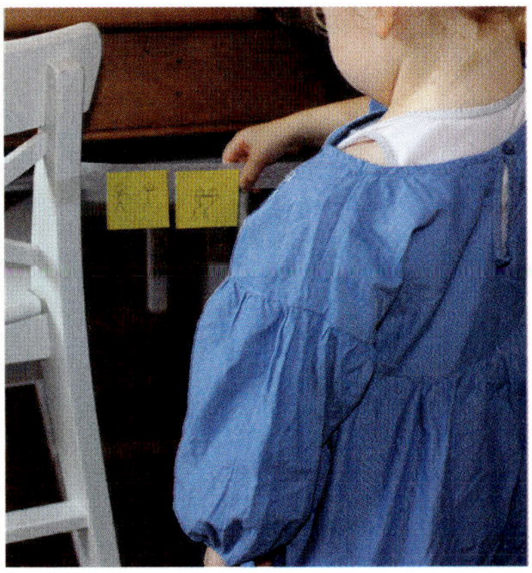

REGENTAGE

Ach, Regentage! Wir leben im Nordwesten Englands, und hier gibt es UNZÄHLIGE Regentage – dafür habe ich also ziemlich viele Einfälle! Draußen schüttet es? Versucht, eure Wildfänge mit diesen Ideen eine Weile zu zähmen …

1. PUZZLE-GESCHENKE 1+

Nehmt ein Puzzle und wickelt die Teile in Zeitungspapier. Tut alles in einen Beutel und gebt ihn euren Kindern. Sie müssen die »Geschenke« auspacken und das Puzzle legen. Wer packt nicht gern Geschenke aus?

2. WOHNZIMMER-RUGBY 3+

Holt ein paar Seile oder Bänder und steckt euch eins hinten in die Hose, sodass das Ende herunterhängt. Macht das gleiche bei euren Kindern. Geht in ein Zimmer mit Teppich, wo ihr Platz habt und bequem herumkrabbeln könnt. Eure Kids sollen nun versuchen, den anderen den Seilschwanz herauszuziehen, und gleichzeitig verhindern, den eigenen zu verlieren. Geht zu Beginn auf alle viere, mit den Gesichtern zueinander, und sagt: »Auf die Plätze! Fertig! Los!« Haben die Kinder genug, legt ein großes Sofakissen auf den Boden, dann dürfen sie euch umreißen und durchkitzeln – so werden sie all ihre überschüssige »Drinnen-Tag-Energie« los.

3. KINDERLIEDER-TOPFSCHLAGEN 1+

Wenn ihr Musikinstrumente habt, holt sie raus. Falls nicht, nehmt Dinge aus der Küche, auf denen die Kids trommeln können – Töpfe und Holzlöffel sind der Knaller. Wählt fünf Kinderlieder aus, singt sie und trommelt dabei den Rhythmus. Wechselt euch mit den verschiedenen Instrumenten ab. Die Kinder wählen die Lieder aus.

4. PUZZLE-JAGD 2+

Nehmt ein Puzzle und versteckt die Teile im Raum. Finden eure Kinder alle Teile und schaffen das Puzzle? Für Ältere, lasst die Stoppuhr mitlaufen: Wie lange brauchen sie?

5. EINE KLEBRIGE GESCHICHTE 3+

Spannt zwischen zwei Stühlen etwas Kreppklebeband, sodass die klebrige Seite zu euch zeigt. Nehmt Klebezettel oder Zettelchen und einen Stift. Malt Bilder zu einer Geschichte und klebt sie in der richtigen Reihenfolge auf. Können eure Kinder die Buchstaben ihrer Namen in der richtigen Reihenfolge anbringen? Vielleicht schreiben sie die Buchstaben selbst und kleben ihren Namen an.

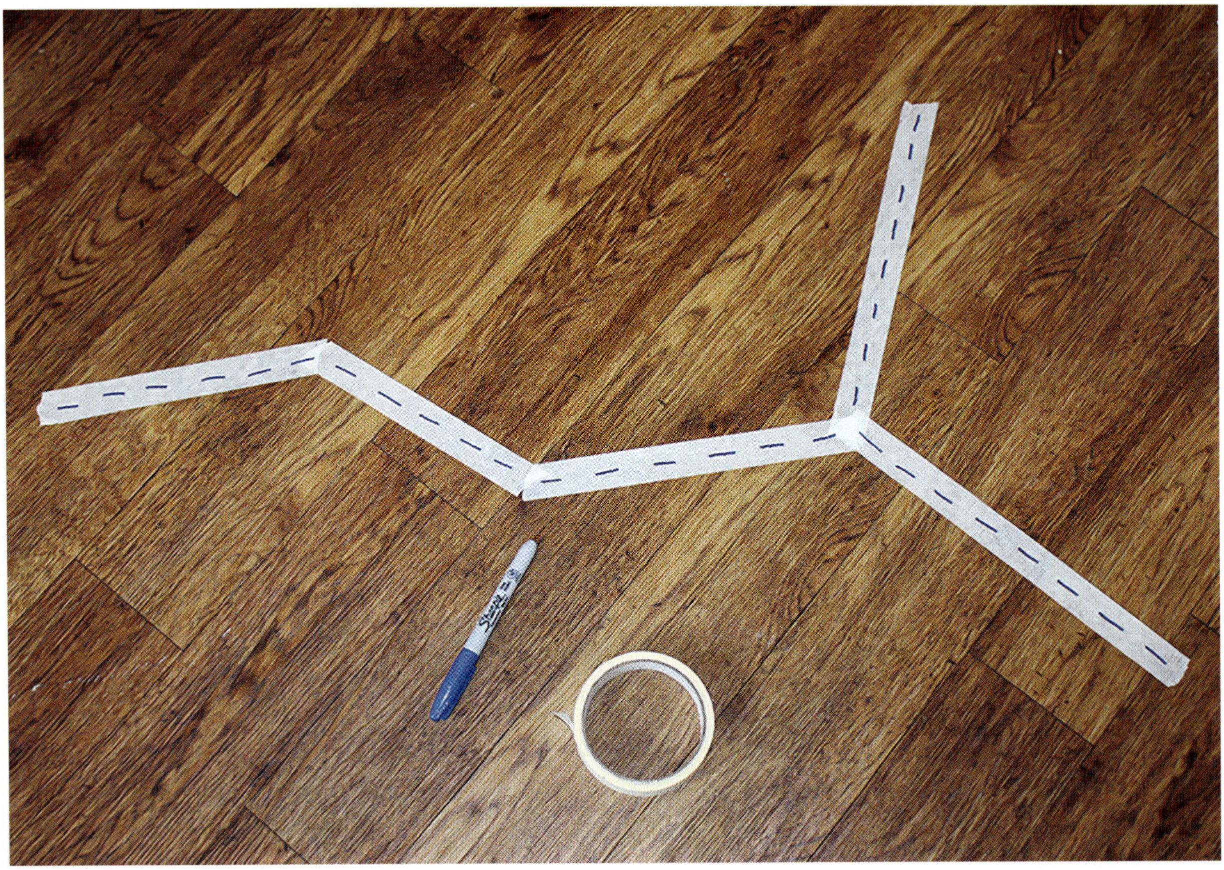

Aber Regentage sind natürlich auch dafür da, in Gummistiefeln und Regensachen draußen durch die Pfützen zu springen. Das ist der ultimative Spaß! Wenn ihr dann nach Hause kommt, gehts unter die Kuscheldecke: Schaut einen Film und trinkt heißen Kakao.

6. SPIELZEUGUMRISSE 3+

Bittet eure Kinder, drei Lieblingsspielsachen zu holen. Können sie mit einem Stift die Umrisse davon nachziehen? Malt mit Kreide auf den Boden oder mit einem Stift auf Papier. Ihr könnt die Umrisse auch mit Bauklötzen oder Pompons legen!

7. GEBURTSTAGSKERZEN 2+ 123

Nehmt Knete oder Teigreste vom Plätzchenbacken, ein paar leere Muffinförmchen aus Papier und einige Geburtstagskerzen. Lasst die Kids »Kuchen backen« und Kerzen darauf stecken. Damit sind meine zwei immer richtig lang beschäftigt.

8. VERDUNKELN! 1+

Schließt die Vorhänge. Macht das Licht aus. Meine Kinder finden es im Dunkeln immer ganz aufregend. Gebt ihnen eine Taschenlampe und lasst sie im Dunkeln ein Buch anschauen. Oder macht Disco mit Knicklichtern!

9. KREPP-KLEBEBAND 1+

Ich habe immer eine Rolle zur Hand, weil ich damit sofort etwas Lustiges machen kann. Ihr könnt die Namen eurer Kinder auf den Boden kleben, dann dürfen sie sie wieder abpulen. Oder reißt zehn lange Stücke ab, daraus sollen die Kinder einen Parcours oder eine Straße kleben. Ihr könnt arme Teddys mit Pflastern verarzten oder ihr legt eine Spur, der die Kids folgen sollen. Klebt Nummern, zu denen sie springen. Die Kinder können auf Kreppklebeband malen – es ist einfach fantastisch!

10. KISSEN-TRITTSTEINE 2+

Legt mit Kissen einen Weg über den Boden und erklärt euren Kindern, dass sie von einem Möbelstück zum nächsten gelangen müssen, ohne die LAVA zu berühren! (Damit meine ich den Fußboden.) Legt verschiedene Wege. Das ist nichts für edles Mobiliar, aber mit einer Drei- und einem Fünfjährigen bin ich ziemlich abgehärtet! (Das ist wie *Die Falle* auf S. 77 – nur ohne den Lernkram.)

Veranstaltet für eure Kids ein »Karton-Picknick«. Legt ein Kissen in einen Karton, damit es gemütlich wird. Die Krümel im Karton leert ihr später einfach draußen aus!

KARTON-SPIELE!

Ein großer Karton ist eines der besten Geschenke für Leute mit Kind, und in Zeiten von Online-Shopping gibt es bei uns zu Haus ziemlich viele davon. Hier kommen ein paar Ideen für Kartons. (Ihr könnt euren Kids natürlich auch einfach nur einen hinwerfen und sie frei spielen lassen!)

1. ABFALL-ROBOTER 3+

Nehmt einen großen Karton, dazu irgendwelche Dinge aus der Gelben Tonne – kleine Schachteln, Flaschenverschlüsse, Plastikflaschen, Folien usw. Bastelt daraus einen Roboter! Befestigt die Teile mit Klebeband. Falls ihr Klebepunkte habt, macht Kontrollknöpfe daraus. Richtig cool wird es, wenn ihr Löcher für den Kopf und die Arme eurer Kinder reinschneidet, dann werden die Kleinen zum Roboter!

2. KARTON-SCHLITTEN 2+

Schneidet zwei kleine Löcher in eine Seite eines großen Kartons. Fädelt ein Seil durch die Löcher und verwandelt den Karton in einen Schlitten. Setzt die Kids hinein, dann zieht sie über einen glatten Boden. Danach können sie ihre Plüschtiere herumziehen.

3. AUTORENNEN 2+

Schneidet einen Karton auf und legt ihn flach hin. Schreibt auf eine Seite »Start«, auf die andere »Ziel«. Lehnt ihn als Rutsche gegen das Sofa und lasst Autos oder Züge hinuntersausen. Wer gewinnt?

4. KARTON-HÖHLE 1+

Legt einen großen Karton auf die Seite und breitet ein Laken darüber. Fertig ist die Höhle! Die Kids können sich darin verstecken, mit einer Taschenlampe Schattenspiele an den Wänden machen oder lesen.

5. SPIELZEUG RATEN 3+

Schneidet ein Loch in einen Karton, sodass eine Kinderhand hindurchpasst. Tut fünf Spielzeuge in den Karton und verschließt den Deckel. Jetzt streckt euer Kind seine Hand durch das Loch und beschreibt, was es ertastet. Errät es die Spielzeuge?

Manchmal wird es im Park echt langweilig. Nehmt daher ein paar Wäscheklammern mit und klemmt verschiedene Blätter ein – das ergibt richtige »Naturpinsel«. Oder lasst Spielzeugautos von Rutschen sausen oder setzt den Teddy auf die Schaukel. Mit Eimer und Schaufel kann man hervorragend im Matsch buddeln.

FRÜHLINGSTAGE

Diese Spiele sind sowohl für drinnen als auch für draußen geeignet, also perfekt für wechselhaftes Wetter. Ihr könnt sie im Garten oder Park spielen, und falls es draußen aus Eimern kübelt, macht ihr einfach drinnen weiter. Es ist herrlich, wenn der Frühling zurückkommt und wir endlich wieder länger draußen sein können!

1. HALBIERTE AUFKLEBER 2+

Bei uns zu Hause gibt es haufenweise Sticker. Hier fliegen immer irgendwelche Sticker-Seiten herum. Oft schneide ich die Aufkleber in der Mitte durch, und lasse die Kinder die passenden Teile suchen. Manchmal klebe ich die Hälften schon auf Papier, manchmal verstecke sich sie im Haus und im Garten.

2. GERÄUSCHE-RATEN 2+

Schnappt euch fünf Dinge, die Geräusche machen – Musikinstrumente oder Kleinkram aus dem Haushalt. Zeigt alles euren Kindern. Bittet sie dann, sich umzudrehen, sodass sie euch nicht sehen können. Nun macht mit einem der Sachen Geräusche. Erraten die Kids, was das ist? Dieses Spiel geht hervorragend an der frischen Luft, auf einer Picknickdecke. Nach dem Raten lauscht den Geräuschen in eurer Umgebung: Zwitschern irgendwo Vögel? Fliegt ein Flugzeug über euch hinweg? Bellt ein Hund?

3. HAFER-CUPCAKES 2+ 123

Nehmt Haferflocken und leere Cupcake-Förmchen. Schreibt Zahlen in die Papierförmchen. Jedes Kind bekommt einen Löffel, mit dem sie so viele Löffel Haferflocken in die Form füllen, wie die Zahl vorgibt. Im Garten picken die Vögel die verstreuten Flocken später auf. Legt in der Wohnung eine Decke drunter, die ihr später draußen ausschüttelt.

4. ERWECKT EIN BUCH ZUM LEBEN 1+

Spielt ein Bilderbuch mit einer einfachen Geschichte mit Puppen nach. Wir haben ein Buch über einen Jungen und einen Pinguin in einem Boot. Ich brauche dafür nur eine Spielfigur, einen Spielpinguin und eine Plastikschüssel als Boot. Gemeinsam lesen wir die Geschichte und spielen sie mit den Figuren nach. Wir sind so schon ums Haus gesegelt, durch den Garten und wieder zurück. Vielleicht klingeln die Helden an der Haustür oder müssen dringend baden? Nehmt das Buch bei eurer Tour immer mit.

5. ZOLLSTOCK 3+ 123

Wenn ihr einen Zollstock habt, ist das ein Riesenspaß! Das ist eher was für ältere Kinder, weil Zollstöcke ein bisschen vertrackt sind und man vorsichtig mit ihnen sein muss. (Kleinere Kinder können ein flexibles Maßband nehmen.) Mit ihnen können eure Kids alles vermessen, was sie in der Wohnung finden und so Zahlen bis 20 (oder sogar höher) lernen. Was ist das Größte, was eure Kinder vermessen können?

Wenn eure Kinder lustige Bilder malen, hebt diese auf. Sobald ihr eine Geburtstags- oder Geschenkkarte für einen besonderen Anlass braucht, schneidet aus einem Bild ein Herz. Klebt es auf buntes Tonpapier und ZACK! habt ihr eine großartige selbst gemachte Karte – ohne dass ihr eure Kids drängen müsst, ein »schönes Bild für Oma« zu malen …

MALEN UND KRITZELN

Malen und Kritzeln sind für Kinder sehr wichtig, denn beides bereitet sie auf das Schreiben vor. Ermutigt sie dazu! Manche Kinder haben jedoch keine Lust auf Stift und Papier – Ewan hat erst in der Kita damit angefangen – daher kommen hier ein paar Ideen, wie ihr sie früh daran gewöhnen könnt.

1. NIMM SPIELZEUGAUTOS 2+

Größere Spielzeugautos sind für dieses Spiel sehr gut geeignet. Befestigt einen Stift hinten am Auto, sodass die Spitze das Papier berührt. (Nehmt am besten einen dicken Filzstift, der eine gute Spur ergibt.) Setzt die Autos auf ein großes Blatt Papier und lasst euer Kind damit herumfahren und Spuren machen. Sehen irgendwelche Spuren aus wie Buchstaben oder Zahlen? Dann zeigt sie eurem Sprössling!

2. VERKEHRT HERUM 2+

Klebt ein Blatt Papier unter einen niedrigen Tisch oder Stuhl, lasst Buntstifte und ein Kissen daneben liegen. Wenn euer Kind das entdeckt, kann es sich unter den Tisch legen und ein Verkehrtherum-Bild malen!

3. TREIBTS BUNT 2+

Lasst euer Kind auf ungewöhnlichen Sachen malen! Mit einem Kuli auf einer Bananenschale, mit Kreide auf einem Baumstamm oder mit Filzstift auf Laub. Klebt Zeitungspapier zum Bemalen an eine Scheibe oder auf den Boden.

4. MALEN OHNE PAPIER 1+

Ach, verdammt! Es ist nichts zum Malen da? Nehmt etwas Klopapier oder Küchenkrepp. Wenn ihr Lust auf Chaos habt, macht Wasserbilder, indem ihr mit nassen Fingern auf Küchenkrepp malt.

5. TIEFGEFRORENE WASSERMELONE 2+

Ja, richtig gelesen. Ich habe eine Wassermelone eingefroren! Das war zwar eher ein dummer Zufall, aber als ich sie rausholte, war sie mit einer Eisschicht bedeckt, und meine Kids haben STUNDENLANG mit ihren Fingern darauf herumgemalt.

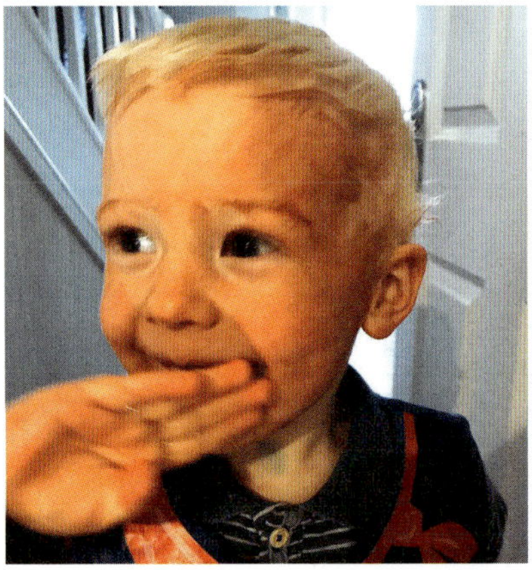

Zieht eure Kinder nackt aus und macht diese Spiele im Garten, falls ihr einen habt. Ansonsten hüllt eure Kleinen in Ganzkörperschürzen aus großen Mülltüten.

CHAOS-SPIELE

»Och nö! Bloß nicht! Da wird ja alles dreckig!« Das rutscht mir normalerweise bei solchen Aktionen heraus. Aber manchmal – in Ausnahmefällen – lasse ich meine Kinder »kreativ werden«. Dann bereite ich einen Chaos-Bereich vor, den ich für den Rest des Tages nicht mehr betrete.

1. BLASEN-BILDER 3+

Noch ein Klassiker! Füllt zu gleichen Teilen ungiftige Farbe und Flüssigseife und etwas Wasser in eine Tasse. Nehmt einen Trinkhalm und Papier. Lasst die Kinder mit dem Halm in die Mixtur pusten, fangt die Blasen auf Papier auf und erzeugt wunderschöne Muster. Lasst die Kids damit jedoch nicht allein – das ist mir einmal mit Ewan passiert, der danach aussah, als sei er in einen Farbeimer gefallen!

2. JOGHURT 1+

Falls ihr Nachwuchs habt, der alles in den Mund steckt (so wie Flo!), werden Malen und Knete problematisch. Kleckst daher einfach etwas Joghurt mit ein paar Tropfen Lebensmittelfarbe auf ein Tablett – dann lasst euer Kind damit spielen, malen, rumpatschen – und es abschlecken!

3. RASIERSCHAUM 2+

Die beste Erfindung für Chaos-Spiele! Billigen Rasierschaum könnt ihr in einer Schüssel mit Lebensmittelfarbe mischen. Sprüht ihn an die Tür des Gartenschuppens, dann gebt euren Kids einen Pinsel. Wenn ihr es ganz verrückt treiben wollt, sprüht Schaum auf ein Tablett und streut (Öko-)Glitter drauf. Eure Kinder werden durchdrehen. (Aber denkt dran: Hinterher findet ihr den Glitter überall!)

4. ZAUBERTRÄNKE 2+

Sammelt gebrauchte Plastikflaschen, Seifenspender oder Waschmitteldosen (die mit einem Messbecher) und leere Spritzen. Spült alles gut aus, dann füllt die Behälter mit Wasser und unterschiedlichen Lebensmittelfarben. Lasst die Kinder die verschiedenfarbigen Flüssigkeiten zu Zaubertränken zusammenmixen!

5. STEINE BEMALEN 2+

Falls ihr vor dem nächsten Chaos-Spiel noch etwas frische Luft braucht, macht einen kleinen Spaziergang und sammelt ein paar Steine. Malt sie zu Hause bunt an. Nett und einfach – so wie alle guten Dinge.

Wenn ihr wollt, dass eure Kleinen einen grünen Daumen kriegen, fangt mit dem Aussäen von Sonnenblumen an oder mit Kresse auf einer Lage Watte in einem leeren Eierkarton.

SONNENTAGE

Das sind die BESTEN Tage überhaupt! Wenn wir im Garten sein können, bin ich glücklich. Ich habe definitiv einen grünen Daumen, daher kommt mir alles gelegen, was die Kinder beschäftigt, während ich gärtnere.

1. MIT WASSER MALEN 1+

Absoluter Mega-Hit! Gebt den Kindern einen Eimer mit Wasser und Pinsel. Lasst sie den Schuppen, den Zaun, die Wand, den Boden »anmalen« – alles was sie möchten. Funktioniert auch auf Pappe.

2. KREIDE AUFWISCHEN 3+ abc 123

Füllt eine leere Sprühflasche mit Wasser. Malt Kreideflecken auf Wände oder Zäune. Lasst die Kinder mit der Sprühflasche alles sauber machen. Falls sie etwas lernen sollen, schreibt Buchstaben und Zahlen und benennt sie, sobald eure Kinder sie wegwischen.

3. SCHATTENJAGD 3+

Nehmt Kreide für den Boden oder die Wand oder Stifte und eine große Rolle Papier. Dann wechselt euch ab und zeichnet die Umrisse eurer Schatten nach. Macht lustige Figuren!

4. AUTOWÄSCHE 1+

Wenn eure Kinder ein Bobbycar, Dreirad, ein Spielzeughaus oder einen Schlitten haben, gebt ihnen einen Eimer mit schaumigem Seifenwasser und erklärt ihnen, dass alles mal gewaschen werden muss. Stattet sie mit Schwämmen, Bürsten und Lappen aus. Kinder lieben das!

5. EISBRECHER 2+

Füllt ein paar Plastikbecher mit Wasser, werft kleine Spielzeuge, Buchstaben oder Münzen hinein – was für eure Kids geeignet ist – und friert sie ein. Und wenn es draußen unerträglich heiß ist, holt sie raus und lasst die Kinder damit spielen und die Spielzeuge befreien.

Badespielzeug wird mit der Zeit sehr dreckig und es können gefährliche Keime entstehen. Wascht und trocknet es gut! Alternativ stecke ich es in die Spülmaschine und spare eine Menge Zeit.

WASSERSPIELE

Mir hat mal jemand gesagt: »Im Zweifel gib Wasser dazu.« Das passt eigentlich zu vielem. Während meiner Schwangerschaft habe ich viel Zeit in der Badewanne und im Schwimmbad verbracht, und meine beiden sind echte Wasserratten. Zum Glück muss ich sie nicht immer in Schwimmzeug stecken, um Wasserspaß zu haben.

1. WASSERLABYRINTH 3+

Das ist eines von Henrys Spielen (s. auch die Pustespiele auf S. 105 und S. 203). Nehmt ein Tablett mit hohen Kanten und füllt etwas Wasser hinein. Baut aus Stecksteinchen oder Steckbauklötzen ein einfaches Labyrinth und platziert einen Tischtennisball oder einen Flaschenverschluss an den Anfang des Labyrinths. Legt ein paar Trinkhalme daneben. Damit pusten die Kids den Ball durch das Labyrinth.

2. WEGSPRITZEN 2+

Benutzt Badespielzeug, mit dem man herumspritzen kann. Falls ihr das nicht habt, nehmt Spielzeugspritzen. Damit spritzt ihr Buchstaben und Zahlen von den Badezimmerkacheln. Ich pappe Schaumstoffbuchstaben und -zahlen an die Kacheln. Die Kinder müssen diejenigen abschießen, die ich ihnen zurufe. Manchmal veranstalten wir einen Wettkampf, wer sie am schnellsten abschießt.

3. DISCO-BAD 1+

Werft ein paar Knicklichter ins Badewasser und macht das Licht aus. Spielt Musik und veranstaltet einen Mini-Rave im Wasser. Quietschentchen, Glibberquallen und Wasserschlangen machen natürlich mit!

4. ABWASCHEN 2+

Falls ihr was in der Küche erledigen müsst, überlasst euren Kindern das Abwaschbecken – ich stelle ihnen zwei, drei Stühle davor, so sind sie sicher. Stellt eine Plastikschüssel in das Becken, lasst das kalte Wasser langsam laufen und gebt den Kids Plastikbecher und -schüsseln und bittet sie, diese »abzuwaschen«.

5. SCHWIMMT ES ODER SINKT ES? 3+

Macht ein Experiment! Holt einen durchsichtigen Behälter und füllt ihn mit Wasser – ich benutze leere Milchflaschen. Sucht fünf wasserfeste Dinge. Haltet eins hoch und fragt eure Kinder: »Glaubt ihr, dass das oben schwimmt oder auf den Boden sinkt?« Wenn sie ihren Tipp abgegeben haben, werft es ins Wasser und schaut nach! Sortiert alle Dinge in zwei Gruppen: sinkt oder schwimmt. Wenn ihr Lust habt, erklärt, warum das so ist.

Im Herbst gehen wir in unseren Lieblingspark und machen Familienfotos. So haben wir jedes Jahr einen Vergleich – und im Herbstlicht gelingen wunderschöne Bilder.

HERBSTTAGE

Meine Lieblingsjahreszeit! Als Kinder haben mein Bruder und ich immer Kastanien gesammelt. In England gibt es die Tradition des Kastanien-Matches, bei dem zwei Spielende aufgefädelte, harte Kastanien gegeneinanderschlagen, bis die erste kaputtgeht. Ein unglaublicher Spaß! (Diese Obsession erklärt vielleicht, warum die ersten drei Ideen mit den vielen Kastanien zu tun haben, die ihr sammeln werdet ...)

1. KASTANIEN-TUNNEL 3+

Schneidet in den Rand eines Kartons fünf kleine Halbkreise als Tunneleingänge. Schreibt Zahlen über jeden Eingang, je nachdem, wie gut eure Kinder zählen können. Rollt oder werft die Kastanien in die Löcher. Wer trifft alle?

2. KASTANIEN-RENNEN 3+

Wählt eure Renn-Kastanie, dekoriert oder bemalt sie mit Nagellack. Baut eine Rampe aus Pappe oder einem Sofakissen. Lehnt die Rampe ans Sofa oder ein anderes Möbel, dann lasst die Kastanien herunterrollen. Wer zuerst fünfmal gewinnt, ist Champion!

3. KASTANIEN-BUCHSTABEN UND -ZAHLEN 3+ abc

Schreibt mit einem Marker Zahlen und Buchstaben auf den hellen Fleck der Kastanien. Damit könnt ihr alle möglichen Spiele spielen, wie *Der Zahlen-Klau* (S. 157) oder *Schatzsuche* (S. 61). Ihr könnt sie auch in einen Behälter mit Wasser werfen, dann dürfen die Kids die richtigen Buchstaben und Zahlen mit einem Löffel herausfischen.

4. KÜRBIS- UND SONNENBLUMENSAMEN 2+ 123

Hattet ihr im Sommer Sonnenblumen im Garten, könnt ihr im Herbst die Samen ernten. Legt die großen Blüten auf ein Tablett und lasst die Kleinen die Samen herauspulen! Oder schaufelt für Halloween das Innere eines Kürbisses auf ein Tablett. Dann gebt euren Kindern Löffel und eine Muffinform. Aus dem Kürbisfleisch können sie »Kuchen backen«. Beobachtet sie dabei, damit sie nicht die Samen oder das Innere essen.

5. KÜRBIS BEMALEN 3+

Die Oberfläche eines Kürbisses ist eine hervorragende Malunterlage! Lasst die Kinder mit einem Marker darauf herumkritzeln. Ihr könnt lustige Gesichter malen oder spielt *Wisch es weg!* (S. 71). Zu Halloween kaufe ich kleine Kürbisse extra zu diesem Zweck.

Nehmt wiederverwendbare, biegbare Trinkhalme. Wenn man sie überall biegen kann, wird das Spiel einfacher und alberner – und Herumalbern ist doch unser eigentliches Ziel!

Dieser Hase ist eine Version von *Rudolphs Nase* (S. 217) – noch ein tolles Puste-Spiel!

HENRY UND SEINE MUKO-KUMPELS

Wie ihr beim *Puste-Fußball* (S. 105) erfahren habt, ist Henry der Sohn meines Cousins und hat Mukoviszidose (daher die Muko-Kumpels). Diese Ideen sollen die Pusteübungen seiner Physiotherapie aufregender gestalten. Natürlich haben auch alle anderen Kinder Spaß daran! Vom Pusten zum Lachen ist es ja nie weit.

1. BALL-RENNEN 2+ 123

Legt einen Karton auf die Seite mit der Öffnung zu euch – das ist das Tor. Knüllt jeweils fünf kleine Papierstücke pro Kind zusammen – altes Geschenkpapier ist ideal. Gebt allen einen Trinkhalm und erklärt, dass sie bei »Los!« ihre Kugeln in das Tor pusten müssen. Wer zuerst alle fünf im Tor hat, gewinnt.

2. RAKETEN AUF DER LEINE 3+

Wenn ihr Becher von einer Party übrighabt, verwandelt jedes Kind einen in eine Rakete, indem es ihn dekoriert oder bemalt. Klebt jeweils einen kurzen Streifen Klebeband auf einen längeren Klebebandstreifen, sodass an beiden Enden je ein klebriges Stück steht. Diese befestigt wie Henkel oben an den Plastikbechern. Hängt sie einzeln an lange Bindfäden, die ihr im Raum spannt. Und los gehts! Pustet die Raketen an dem Faden entlang. Wer kommt zuerst ins Ziel?

3. BALLON-PUSTEN 2+

Klebt einen Streifen Kreppband an einem Ende des Zimmers auf den Boden. Schreibt ZIEL darauf. Am anderen Ende des Zimmers liegen für alle Mitspielenden aufgeblasene Ballons. Auf die Plätze, fertig, pusten! Es gewinnt, wer den eigenen Ballon zuerst über die Ziellinie bringt!

4. KATZ UND MAUS 2+

Ein Kind bekommt ein Wattebällchen – das ist die Maus. Ein anderes bekommt einen Papp- oder Plastikbecher – er dient als Katze. Die Maus wird über den Boden gepustet und die Katze versucht, sie einzufangen. Falls es zu einfach ist, klebt einen Faden an den Becherboden. Dann muss das Kind ihn am Faden festhalten und über das Wattebällchen fallen lassen.

5. PUSTE-BILLARD 2+ 123

Klebt sechs Papp- oder Plastikbecher wie die Taschen beim Billard rund um einen Tisch. Alle bekommen je zwei Kugeln aus zusammengeknüllter Alufolie und einen Trinkhalm. Mit Gummibändern könnt ihr die Bälle markieren. Legt die Bälle ans eine Ende des Tisches. Einmal mit dem Halm pusten ist ein Zug, alle sind nacheinander an der Reihe. Fällt ein Ball in eine der Taschen, gibt es einen Punkt. Pustet jemand einen fremden Ball in ein Loch, zählt der Punkt für das andere Kind. Nach dem Punkten wird der Ball wieder an den Start gelegt. Versucht, die anderen mit eurem Ball zu blockieren!

Ich habe immer alte Handtücher griffbereit, weil sie für Kinder in diesem Alter einfach unverzichtbar sind – beispielsweise zum Aufwischen oder um die Kleinen nach einer Wasserschlacht trockenzulegen.

WÜTENDE ZWEIJÄHRIGE

Das ist eine lustige Phase, oder? Zweijährige können ihre Bedürfnisse noch nicht richtig mitteilen, wollen aber unbedingt ihren Willen durchsetzen. Das Ergebnis ist oft verzweifeltes Geschrei, geballte Fäuste, Ausraster mit Füßestampfen. Herrlich. Einmal musste ich den wutschnaubenden Ewan wie einen Rugbyball aus dem Supermarkt schleppen. So etwas haben wir alle schon mal erlebt. Geduldig sein, ruhig bleiben und es aussitzen hilft in den meisten Fällen – aber manchmal funktioniert Ablenkung viel besser! Daher habe ich für Flo diese Ideen entwickelt – immer, wenn ich mal wieder ganz rasch einen Wutausbruch abwenden musste!

1. BESTECK SORTIEREN 2+

Falls ihr einen Besteckkasten habt, kippt alle Gabeln, Löffel und Messer (nicht die scharfen natürlich) auf eine Decke. Legt den leeren Kasten neben das Besteck und bittet euer Kind, alles in das richtige Fach zu sortieren. Florence hat das eine Weile getan, während ich die Spülmaschine ausgeräumt habe.

2. PUPPEN- UND TEDDY-KRANKENHAUS 2+

Eine billige Packung mit Pflastern kann die Rettung sein! Holt fünf Puppen und Teddys raus, macht aus Kissen und Decken fünf kleine Betten. Nehmt eine Klopapierrolle, die Pflaster und den Spielzeugarztkoffer (falls ihr einen habt), dann lasst euer Kind die armen Patienten verarzten.

3. KNETE 2+

Nehmt etwas Knete und fünf Werkzeuge – entweder die für die Knete selbst oder sichere Küchenhelfer. Kartoffelstampfer beschäftigen Kinder eine ganze Weile. Mit nur einer Knetefarbe und wenigen Geräten gibt es kaum Schweinkram. Außerdem sind Zweijährige noch nicht so konzentriert, um stundenlang neue Dinge zu formen. Macht es ihnen so einfach wie möglich.

4. HAU DEN MAULWURF 2+

Nehmt einen mittelgroßen Karton, ein Spielzeug und aufgeblasene Ballons. Schneidet fünf Löcher in den Deckel des Kartons und eines an die Seite. (Durch das seitliche Loch steckt ihr euren Arm, haltet das Spielzeug und lasst es aus den Löchern schnellen.) Euer Kind soll versuchen, das Spielzeug mit dem Ballon zu treffen. Dann tauscht die Rollen: Das Kind spielt Maulwurf und ihr haut drauf.

5. TEDDYBÄR-PICKNICK 2+

Legt eine kleine Decke auf den Boden und setzt fünf Plüschtiere darauf. Falls ihr ein Teeservice habt, stellt es dazu. Falls nicht, nehmt normale Plastikbecher und -teller. Legt Spielzeugessen dazu und tut etwas Wasser in die Teekanne für den Tee. Lasst die Kids alles finden!

Es gibt großartige Bücher, die kleine Leseratten mit Farben vertraut machen. Schaut in der Bibliothek, auf dem Flohmarkt oder im Antiquariat danach.

FARBEN

Farben sind gar nicht so einfach zu lernen. Manche Kinder lernen den Namen einer Farbe und sagen dann eine Zeit lang, dass alles diese Farbe hat. Ente? Blau. Mama? Blau. Na, toll! Irgendwann gerät man leicht in Panik und denkt, dass das Kind farbenblind ist, doch plötzlich fällt bei ihnen der Groschen. Hier kommen ein paar lustige Regenbogen-Spiele.

1. FARBEN RATEN 3+

Ihr könnt Partyhütchen dafür benutzen oder selbst Papierhüte basteln und sie mit einer Farbe bemalen. Setzt sie euren Kindern auf die Köpfe. Dann gebt ihnen Hinweise auf die Farbe, die sie raten sollen. Sagt beispielsweise: »Das ist die Farbe von Erdbeeren und die einer Clownsnase und die der Feuerwehr.« Die Kids sind die Farb-Spürnasen!

2. FARBEN-JAGD 2+

Nehmt fünf Blatt Papier und malt verschiedenfarbige Kreise auf jedes. Wenn ihr ein Fernglas habt, lasst die Kinder hindurchsehen, sonst nehmt eine leere Klorolle als »Fernrohr«. Erklärt ihnen, dass sie im Haus nach Gegenständen jagen sollen, die zu jedem Farbkreis passen. Wie viele Gegenstände in einer Farbe finden sie? Von welcher Farbe gibt es die meisten Dinge?

3. FARB-MEMO-SPIEL 3+

Schneidet zehn Quadrate aus Papier und macht fünf Paare daraus. Kritzelt auf jedes Paar die gleiche Farbe und verwendet für jedes Paar eine neue Farbe. Dreht alle Karten um, sodass die Farben nicht zu sehen sind. Mischt die Karten. Deckt abwechselnd zwei Karten auf. Findet ihr die gleichen Farben? Wenn ja, behaltet das Paar. Wenn nicht, legt die Karten zurück. Wer die meisten Paare findet, gewinnt!

4. ALLE VÖGEL FLIEGEN AUF … 3+

Eine Abwandlung des Vogelspiels geht so: Malt auf fünf Blätter fünf verschiedene Farben und verteilt sie im Raum. Wenn ihr sagt: »Alle Vögel fliegen auf … Rot!«, rennen die Kinder zum Rot. Wenn ihr eine Farbe nennt, die nicht am Boden liegt, müssen die Kinder stehen bleiben.

5. BAUKLOTZTÜRME 2+

Ihr habt eine Kiste mit bunten Bauklötzen? Schüttet sie aus. Malt auf fünf Blatt Papier fünf Kreise, die den Farben der Bauklötze entsprechen. Lasst die Kinder auf jedem Kreis einen Turm in der entsprechenden Farbe bauen.

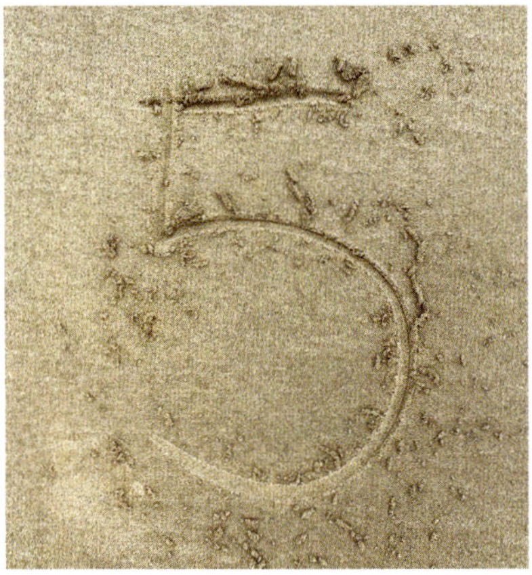

Ihr habt keine Picknickdecke? Nehmt ein altes großes Spannbettlaken. Stellt eure Taschen in die Ecken, sodass die Ränder etwas hochgezogen werden – schon gerät nicht so viel Sand darauf.

AM STRAND

Ein Sandstrand ist im Grunde ein riesiger Spielplatz, oder? Beim letzten Mal haben meine Kids unzählige Sandburgen gebaut und wieder niedergerissen, sie badeten im Meer und schluckten ordentlich Wasser (arme Flo!). Ich habe sogar einen Hundehaufen weggemacht (also echt!). Erst dann wurde es meinen Kleinen langweilig. Sie fanden einen toten Krebs, und während sie damit beschäftigt waren, dachte ich mir ein paar Strandspiele für sie aus.

1. ZAHLENFELDER 3+

Schreibt Zahlen in den Sand und kreist sie ein. Für die Kleinsten schreibt einfach 1, 2 und 3. Je vertrauter sie damit sind, umso mehr Zahlen könnt ihr nehmen. Für die Älteren schreibt die Zahlen in verschiedenen Abständen. Die Kinder hopsen in der richtigen Reihenfolge von Zahl zu Zahl und wieder zurück, ohne über die Kreise zu treten – wenn das passiert, werden sie von Haien gebissen! Jedes Mal, wenn sie es richtig machen, sage ich: »Pling!« Dann dürfen sie die Zahlen rufen, auf die ich springen soll.

2. SANDZIELSCHEIBE 2+

Malt eine Zielscheibe aus drei größer werdenden Kreisen in den Sand. Zieht etwas entfernt eine Linie. Alle Mitspielenden brauchen einen Stein. Stellt euch an die Linie und werft abwechselnd eure Steine auf die Zielscheibe. Wenn ihr wollt, könnt ihr Punkte zählen.

3. LASST SIE VERSCHWINDEN 3+

Schreibt mit einem Stein Buchstaben in den Sand. Können eure Kleinen sie schneller wegwischen, als ihr sie schreiben könnt? Meine Kinder schabten barfuß darüber, während ich die Buchstaben und Laute rief, die ich schrieb. Am Ende haben sie gewonnen. Danach mussten sie schreiben, während ich ihre Buchstaben wegwischte!

4. DOSENWERFEN 2+

Nehmt ein paar leere Dosen oder Flaschen. Tut etwas Sand hinein, dann platziert sie auf kleinen Sandhaufen in ein paar Metern Entfernung. Die Kinder gehen Steine sammeln (was eine Weile dauert!). Dann versuchen sie, mit den Steinen die Dosen umzuwerfen. Wer zuerst alle umwirft, gewinnt! Ihr könnt natürlich auch Bälle, statt Steine benutzen.

5. DIE KLASSIKER 3+

Spielt *Drei gewinnt* am Strand! Das ist für ältere Kinder ziemlich einfach. Wer in fünf Runden die meisten Spiele gewinnt, ist Champion! Wer verliert, holt Eis! Ihr könnt natürlich auch *Himmel und Hölle* am Strand spielen (S. 35).

Steckt abends nach einem anstrengenden Tag die Kids früh in die Wanne, zieht Pyjamas an und macht ein Wohnzimmer-Picknick auf einer Decke. Das passt immer ganz gut, wenn ich müde bin und zur selben Zeit wie sie ins Bett will.

FORMEN UND KLÖTZE

Spiele, bei denen mit Formen und Klötzen gebaut wird, regen kleine Gehirne richtig gut an. Vielleicht hört es sich kompliziert an, Kinder zum Bauen zu bringen und Aufgaben mit Formen zu lösen, aber keine Sorge: Mit das Tollste, das wir besitzen, ist ein Kasten mit verschieden farbigen Holzbauklötzen. Damit können wir einfach unendlich viele Spiele spielen!

1. FORMEN-SORTIEREN 2+

Holt aus eurer Kiste mit Bauklötzen verschiedene Formen heraus. Klebt die Umrisse so groß wie möglich mit Kreppklebeband auf den Fußboden. Verteilt die Bauklötze um die Umrisse. Die Kids sortieren sie in die passenden Klebebandformen. Falls ihr keine Bauklötze habt, schneidet einfach ganz viele Formen aus Pappe aus.

2. ZAHLEN-TURM 3+ 123

Schreibt eine Zahl auf Papier und malt einen Kreis darum. Macht das für so viele Zahlen, wie eure Kinder bereits kennen. Verstreut die Zettel auf dem Boden und fordert die Kids heraus, Türme mit der jeweiligen Anzahl an Klötzen zu bauen. Für Ältere könnt ihr einfache Rechenaufgaben aufschreiben. Für die Kleinsten stellt die Türme mit den entsprechenden Klötzen auf und lasst sie die Zahlen dahin bringen.

3. KNICKLICHT-UMRISSE 2+

Zeichnet fünf Formen auf, schneidet sie aus und tut sie in einen Beutel. Holt ein paar Knicklichter und macht das Licht aus. Bittet euer Kind einen Zettel zu ziehen. Dann soll es die Form am Boden oder in der Luft mit den Knicklichtern nachbilden.

4. FORMEN-FINDER 3+

Zeichnet ein paar Formen auf Pappe. Schneidet sie so aus, dass jede Form ein Loch ergibt – wenn ihr die Pappe festhaltet und durch die Löcher seht, könnt ihr diese Formen woanders entdecken. Das ist euer Formen-Finder. Mit diesem Formen-Finder sollen eure Kinder Gegenstände entdecken, die diese Formen haben. Zeigt ihnen, wie man hindurchschaut. Danach gehen sie im Haus auf die Suche oder nehmen ihren Formen-Finder auf einem Spaziergang mit. Einen Kreis findet ihr z. B. bei einem Knopf am Herd, ein Dreieck könnt ihr im A auf einem Straßenschild finden. Wie viele Formen finden eure Kids mit dem Formen-Finder?

5. WÜRFELN 3+ 123

Nehmt einen Würfel, Stift und Papier. Es geht darum, zu würfeln und die gewürfelten Augen mit der Anzahl der Seiten einer Form zu vergleichen – also: Würfelt ihr eine Vier, ist das ein Quadrat, würfelt ihr eine Eins ist das ein Kreis, eine Zwei könnte ein Halbkreis sein. Es gibt zwei Arten zu spielen: Entweder ihr malt die Formen zuerst auf ein Blatt Papier, lasst die Kleinen würfeln, zählen und zuordnen. Oder ihr würfelt erst und bittet eure Kinder, die Formen selbst zu zeichnen. Ganz wie ihr wollt!

Auch abgeschnittene Zweige und Blüten könnt ihr zum Spielen für eure Kinder nutzen. Wenn sie mit Kinderscheren hantieren, trainieren sie die Feinmotorik.

NATUR-SPASS

Manchmal, wenn ihr unbedingt an die frische Luft wollt, weigern sich eure Quälgeister auch nur einen Schritt vor die Tür zu setzen (meine jedenfalls). Wenn ich also raus will und meine beiden lieber in ihrem Pups-Mief hocken wollen, habe ich ein paar Tricks, mit denen ich sie ins Freie locke.

1. KLEINHACKEN 3+

Wenn ich im Garten gejätet und geschnitten habe, lege ich einfach für jedes Kind etwas Unkraut auf ein Tablett, damit sie es mit der Schere klein machen können. Blätter und Halme klein zu schneiden ist für sie sehr befriedigend, und das geht auch mit Kinderscheren.

2. KOKOSNUSSWERFEN 3+

Wenn es im Supermarkt Kokosnüsse im Angebot gibt, kaufe ich für jedes Kind eine. Im Garten stelle ich jede auf einen Becher, und die Kids werfen oder schießen sie mit ihren Bällen herunter. Haben sie das geschafft, dürfen sie versuchen, die Kokosnuss zu knacken. Sie verbringen dann mindestens fünf Minuten damit, die Nuss auf alle möglichen Untergründe zu donnern.

3. PICKNICKTELLER-DEKO 2+

Wenn wir ein Picknick machen, gebe ich jedem Kind vorher einen weißen Pappteller, den sie bemalen. Und während sie ihre Teller individuell gestalten und beschäftigt sind, kann ich Sandwiches und Getränke einpacken.

4. SPIELZEUGSPRITZEN 2+

In unserem Badezimmerschrank gibt es einen Becher voller alter Spritzen. Nehmt ein paar saubere Spritzen und füllt einen Becher mit Wasser – damit können die Kleinen im Garten Pflanzen begießen oder eine Wasserschlacht veranstalten.

5. NATUR-JAGD 3+

Zeichnet oder schreibt die Namen von fünf Dingen aus der Natur auf Papier – Blatt, Zweig, Stein usw. Malt je ein Kästchen zum Abhaken daneben. Legt den Zettel an die Haustür zusammen mit einem alten Beutel. Macht dies für jedes Kind. Wenn eure Kinder die Listen finden, geht raus und sucht gemeinsam nach diesen Dingen. Das kann man auch gut mit Spielbesuch machen!

Kleinkram wie Magnetbuchstaben und -zahlen (und Puzzleteile) verwahre ich in großen Wäschebeuteln. Sie nehmen im Regal kaum Platz weg und sind so immer alle griffbereit.

MAGNETBUCHSTABEN UND -ZAHLEN

Diese Dinger kaufen alle Eltern, weil sie denken, dass man sie haben muss. Vielleicht geht euer Kind in die Kita, und ihr haltet Magnetbuchstaben und -zahlen für sinnvoll. Also kauft ihr sie – Gute Eltern! Super gemacht! – und klebt sie an den Kühlschrank. Euer Kind interessiert sich dreißig Sekunden dafür, und ihr fragt euch dann: »Und was machen wir jetzt damit?« So ist es mir jedenfalls ergangen. Und das ist dabei rausgekommen:

1. DIE HALDE 2+

Baut eine kleine Bahnstrecke oder eine Straße auf. Oder markiert mit Kreppklebeband eine Straße am Boden – ihr könnt auch Fahrbahnmarkierungen in die Mitte kleben! Häuft die Buchstaben an verschiedenen Stellen der Strecke auf. Legt ein Backblech ans Ende und nutzt es als »Halde«. Nehmt einen Zug, Bagger oder Laster, der kleine Dinge transportieren kann. Dann laden eure Kids die Buchstaben ein und bringen sie zurück zur Halde.

2. KNETE AUSSTECHEN 3+

Rollt etwas Knete aus und benutzt die Buchstaben und Zahlen als Ausstechförmchen. Lasst Kleinere einfach damit spielen und redet mit ihnen über die Buchstaben oder Zahlen, die sie in der Hand halten. Ihr könnt die Namen der Kinder ausstechen. Mit den Älteren könnt ihr Wörter oder Rechenaufgaben ausstechen. Das ist viel lustiger, als sie aufzuschreiben!

3. VERSTECKEN 3+

Gebt jedem Kind zehn Buchstaben. Erklärt ihnen, dass sie sie im Haus an magnetischen Oberflächen anheften und vor euch verstecken sollen. Wenn sie das getan haben, geht ihr sie suchen – redet mit den Kids darüber, was magnetisch ist und was nicht. Umgekehrt versteckt ihr die Buchstaben und leitet die Kinder mit »warm« und »kalt« in die richtige Richtung. Wenn ihr mehr als fünf Minuten Zeit habt, malt eine Schatzkarte.

4. ORDEN FÜR DIE PLÜSCHTIERE 3+

Nehmt fünf Plüschtiere und gebt ihnen Namen (falls sie die nicht schon haben). Befestigt eine Büroklammer oder eine Sicherheitsnadel an jedem Tier. Dann bittet eure Kinder, die Magnetbuchstaben zu finden, die dem ersten Buchstaben des Plüschtiernamens entsprechen. Den richtigen Buchstaben heften sie als Orden an die Büroklammer oder die Sicherheitsnadel.

5. STEMPELN 2+

Mit Buchstaben und Zahlen, die eine vollständig magnetische Rückseite haben, könnt ihr auf Zaubertafeln stempeln! So lernen eure Kids ganz einfach ihre Namen, Buchstaben, Silben und erste Wörter. Vertauscht in Wörtern die Buchstaben, die Kinder korrigieren euch.

WIR WARTEN AUFS CHRISTKIND!

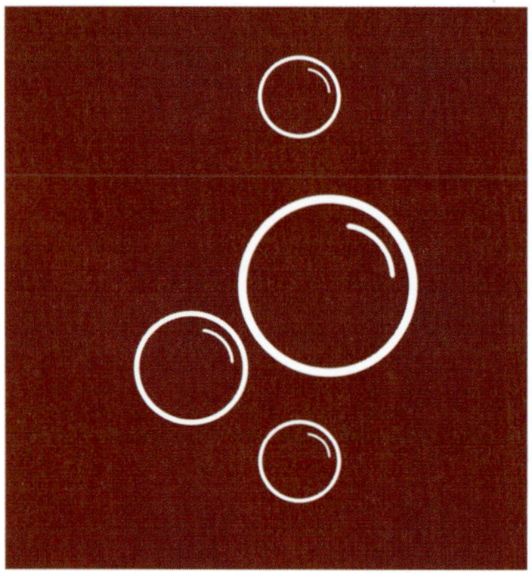

Wie viele Familien haben wir im Advent einen selbst gemachten Adventskalender – und zu den kleinen Naschis oder Überraschungen gibt es jeden Tag einen Buchstaben. Sie ergeben zusammen den Satz: »Wir warten aufs Christkind!« Ich weiß, es ist Weihnachten, aber auch Buchstabenlernen kann die Vorfreude auf das Fest noch steigern!

WEIHNACHTEN

Muss ich mir echt noch Sachen für den jährlichen Dezember-Irrsinn ausdenken? Eigentlich nicht, aber irgendwann fragte mich ein Radiosender, ob ich nicht ein paar Ideen hätte, für all das Material, das in dieser Jahreszeit verschwendet wird. Das will ich euch nicht vorenthalten ...

1. PAPPROLLEN-KEGELN 2+

Bei uns gibt es in der Weihnachtszeit immer Knallbonbons, die innen aus Papprollen bestehen. Sammelt sechs davon, stellt sie als Kegel auf, knüllt etwas Geschenkpapier zu Kugeln zusammen und kegelt damit. Ein Spiel für den Moment, wenn die Lupe oder der Bilderrahmen langweilig geworden sind (also nach etwa dreißig Sekunden).

2. VERPACKEN 1+

Macht aus dem altem Geschenkpapier Bälle für *Buchstaben-Pong* (S. 115), *Popo-Wackel-Rennen* (S. 121) oder *Schlagball* (S. 31). Ihr könnt auch Puzzleteile oder Spielzeug darin einwickeln und in den Geschenkesack tun, wo eure Kleinen sie finden.

3. WEIHNACHTSMANN-JAGD 2+

Verwandelt Knallbonbon-Rollen in ein Fernglas, indem ihr zwei zusammenklebt. Versteckt ein paar Schokoladenweihnachtsmänner draußen im Garten. Schickt die Kinder auf Jagd nach draußen, während ihr es euch im Warmen gemütlich macht. Hihihi!

4. RUDOLPHS NASE 2+

Zeichnet Rudolph das Rentier auf ein Stück Pappe. Schneidet ein kleines Loch dahin, wo seine Nase wäre. Nehmt einen roten Pompon oder knüllt rotes Geschenkpapier zur Kugel zusammen. Jedes Kind bekommt einen Trinkhalm und pustet damit den Pompon oder die Kugel in das Loch, sodass Rudolph seine Nase zurückbekommt!

5. SCHAUMLABYRINTH 2+

Zeichnet fünf Geschenke auf ein Stück Papier, dann malt eine Linie, sodass ein Labyrinth entsteht. Steckt das Blatt in eine Klarsichthülle, verschließt sie mit Klebeband und legt alles auf ein Tablett. Füllt viel Flüssigseife und etwas Wasser in eine Flasche, schüttelt sie und macht Schaum. Verteilt den Schaum über dem Labyrinth, sodass es nicht zu sehen ist. Nehmt eine kleine Spielfigur – am besten einen Weihnachtsmann – und einen Trinkhalm. Die Kleinen blasen den Schaum weg, sodass der Weihnachtsmann durch das Labyrinth zu allen Geschenken findet, die er auf seinen Schlitten lädt!

FÜNF-MINUTEN-SNACKS-UND-GETRÄNKE-HACKS

1. FLÜGEL

Wenn ihr eurem Kind was zu trinken in einem kleinen Getränkekarton gebt, klappt die spitzen Ecken hoch, sodass sie wie Flügel abstehen! Erklärt eurem Sprössling, dass der Karton an den Flügeln gehalten wird. So kleckert und spritzt es nicht. Das ist vor allem im Sommer nützlich. Ein saftbekleckertes Kleinkind zieht Wespen an und macht eurem fröhlichen Picknick ein rasches Ende!

2. OBST

»Hier, iss das Obst aus der Schüssel, Kind.« Etwa nicht? Das funktioniert wohl nur, wenn eure Kids Obst lieben (so wie Flo). Ewan hatte auf so was nie Bock. Wenn ihr jedoch das besagte Obst in ein Schwert oder einen Zauberstab verwandelt, wird es auf einmal interessant. Steckt es einfach auf einen Holzspieß (schneidet das spitze Ende ab). Ich mache auch mal »Frucht-Fondue«, bei dem ich Joghurt oder Schokosauce in einen Eierbecher oder ein Schnapsglas fülle und in die Mitte der Obstschale stelle. Streusel erhöhen die Anziehungskraft!

3. SELBST GEMACHTE EISLOLLIS

Einer meiner Lieblingstricks. Eisförmchen gibt es in vielen Geschäften. Ich fülle sie mit frischem Saft. Wenn die Kinder an heißen Tagen etwas trinken sollen, bekommen sie ein Eis, und ich habe fünf Minuten Ruhe. Oder ich verhindere einen Wutausbruch, indem ich frage: »Wie wärs mit einem Eislolli?« Sie denken, es ist Süßkram, dabei ist es nur Saft. Und ich habe kein schlechtes Gewissen! Ihr könnt auch Früchte und Joghurt einfrieren, aber dafür bin ich zu faul.

4. PFANNKUCHEN WERFEN

Wir essen am Wochenende oft Pfannkuchen zum Frühstück (eine Tasse Vollkornmehl, eine Tasse Milch, ein Ei). Die Kids wollen sie immer in der Pfanne wenden. Daher gebe ich ihnen, wenn ich alle fertig habe, eine saubere leichte Pfanne und einen Pfannkuchen, den sie umherwerfen können!

5. BANANEN-EISCREME

Wenn ihr gefrorene Banane mit einem Schuss Milch verrührt, ergibt das »Eiscreme«. Das ist besonders gut, wenn die Bananen bereits ihre besten Zeiten hinter sich haben. Schält sie, schneidet sie klein und friert sie in einem Behälter oder einer Gefriertüte ein. Bei Bedarf püriert sie mit Milch. Kombiniert sie mit Schokostückchen, Erdnussbutter oder Vanille-Extrakt für mehr Geschmack. Sagen eure Sprösslinge: »Lecker!«, freut euch.

KÜCHEN-DISCO

Abends veranstalten wir gern eine Küchen-Disco. Mit Kindern zu tanzen hat etwas sehr Befreiendes und Fröhliches. Noch sind meine beiden so klein, dass man von draußen durch die Fenster nur mich tanzen sieht. Die Nachbarn wundern sich vermutlich, warum ich da allein abrocke. Was solls.

DIE FOLGENDEN SONGS SIND ANREGUNGEN, WIE IHR EUREN TAG BEENDEN KÖNNT – FREI NACH DEM MOTTO »WIR SPIELEN DIE KINDER VOR DER BETTGEHZEIT NOCH MAL RICHTIG MÜDE«:

1. »Supermann« von Mini Disco auf Youtube: Ein Tanzlied für Kinder. Der Songtext sagt die Bewegungen an, sodass alle sofort mitmachen können. Meine Kleinen lieben es, wenn es zum Schluss doppelt so schnell wird.
2. »I am a music man« von HipPop Pop feat. Nilpferd. Dito.
3. »Der Körperteil-Blues« der Lichterkinder ist eine coole Art zu tanzen, zu singen und den Körper kennenzulernen.
4. »So ein schöner Tag« oder »Das Fliegerlied«. Gibts für Kinder und fürs Oktoberfest. Ein echter Gute-Laune-Song zum Mitmachen und Abrocken.
5. »Boogie-Woogie« oder »Erst kommt das rechte Bein herein ...« Nehmt euch erst die Beine, danach die Arme vor und schüttelt zum Schluss alles aus.
6. »Kopf und Schulter, Knie und Fuß«: Ein Klassiker. Tanzt zusammen mit den Kids und werdet dabei immer schneller, bis sich alle vor Lachen auf dem Boden kringeln.

Natürlich muss ich nicht erwähnen, dass hier auch ständig Disney-Songs laufen – manchmal auch nur für Mama! Und jetzt alle zusammen: »Ich lass los! Lass jetzt los!«

SIND FÜNF MINUTEN GENUG?

Fünf kurze Minuten.
Mehr nicht.
Stellt den Timer.

Falls ihr euch heute zum ersten Mal hinsetzen könnt, denkt ihr vermutlich, dass fünf Minuten echt schnell vergehen. Andererseits können sich fünf Minuten auch richtig ziehen, wenn euer Baby gerade aus vollem Halse schreit und ihr an einem überfüllten Ort seid. (Ich denke an unseren verpassten Flug zurück von Malaga, die doppelt so teure Neubuchung und den übermüdeten Ewan, der die ganze Zeit heulte! Argh!)

Aber sind fünf Minuten spielen genug? Ja, sind sie.

Sobald ihr diese fünf Minuten mit euren Sprösslingen verbracht habt und ihnen dabei eure ungeteilte Aufmerksamkeit geschenkt habt, ist es perfekt. Und dafür müsst ihr nicht mal die Spiele aus diesem Buch machen.

Wie oft solltet ihr fünf Minuten spielen? Tja, das kommt darauf an.

Mit »fünf Minuten« meine ich immer »fünf Minuten am Stück«. Wenn ich den ganzen Tag mit den Kindern zu Hause bin, versuche ich, zweimal pro Tag ein Fünf-Minuten-Spiel zu organisieren – eins am Morgen und eins am Nachmittag.

An anderen Tagen schiebe ich immer mal eine Fünf-Minuten-Aktivität dazwischen. Wir lesen dann fünf Minuten vor dem Schlafengehen oder beim Frühstück. Oder ich verteile einen Haufen Bücher, die die Kids lange nicht gesehen haben, auf dem Boden. Ich mache fünf Minuten etwas mit ihnen, das sie lieben, wie Versteckspielen. Wir verbringen fünf Minuten zusammen und reden, kuscheln oder rollen über den Fußboden und kitzeln uns durch, bis wir vor Lachen nicht mehr können. Ich tanze mit ihnen fünf Minuten in der Küche. Fünf Minuten widme ich dem Versuch, sie zu bitten aufzuräumen (meist vergeblich, aber einen Versuch ist es wert). Und dann gibt es noch den Fernseher oder das Tablet, wenn wir von alldem genug haben.

Die übrige Zeit ist mit dem Kram gefüllt, den wir Eltern so erledigen müssen. Die Sprösslinge anziehen, einkaufen, Spülmaschine ausräumen, während sie spielen/streiten, Essen kochen, SCHON WIEDER eine Waschmaschine anschmeißen. Die Liste ist lang und hört nie auf, bis wir die Kinder groß haben. Wir alle wissen das, und wie leicht ist es, sich darin zu verzetteln. Immer fordert irgendetwas anderes unsere Aufmerksamkeit. Es ist verdammt anstrengend.

Falls ihr einen Job habt und die Zeit mit euren Kleinen begrenzt ist, könnt ihr mit diesen Fünf-Minuten-Spielen die gemeinsame Zeit perfekt ausnutzen. Eine wundervolle Freundin gab mir den Anstoß für meinem Blog. Sie arbeitet als Kardiologin, ist also Vollzeitlebensretterin und gleichzeitig Vollzeitmama von zwei Kindern. Sie brauchte Hilfe, ihre Kleinen mit Lernspielen zu beschäftigen, und die sollten schnell und einfach sein und so in ihren engen Zeitplan zwischen Feierabend und Badezeit passen. Während der Entwicklung vieler Spiele habe ich oft an sie gedacht. Ganz gleich, ob ihr nun berufstätig seid oder zu Hause bleibt, es ist immer eine Herausforderung – nur auf ganz unterschiedliche Art. Deshalb muss es für uns alle immer schnell gehen und einfach sein.

Ich habe mich nie mit meinen Kindern an einen Tisch gesetzt und gesagt: »So, jetzt lernen wir Buchstaben.« Oder: »Okay, jetzt schreibt mal alle Zahlen von 1 bis 10 auf.« Wir haben immer nur Fünf-Minuten-Spiele gespielt. Jeden Tag. Kurz, aber oft. Als Ewan in die Schule kam, kannte er fast alle Buchstaben und konnte bis zehn zählen. Aber hat mich das glücklich gemacht? Nein. Doch der SPASS, den wir beim Spielen haben, der macht mich glücklich. Das Lachen meiner Kids und ihr freudiges Strahlen, wenn sie etwas herausbekommen, wird mir immer im Gedächtnis bleiben. Wir erreichen das zusammen. Das ist toll.

Zeit ist begrenzt, also sollten wir sie mit Freude gemeinsam verbringen. Spaß sollte immer das oberste Ziel sein. Ich hoffe, dass dieses Buch ihn euch im Überfluss schenkt.

Ihr braucht nur fünf Minuten. Das ist genug.
Diese Minuten summieren sich.
Legt das Handy weg,
den Laptop,
die Haushaltshandschuhe.
Fangt heute damit an. Ich verspreche, es reicht tatsächlich aus.

DANKSAGUNG

Als Ersten möchte ich dem unglaublichen Team von *Penguin Random House Children's* für all die Unterstützung bei der Produktion dieses Buches danken. Immer wenn ich dachte, ich gehe unter, habt ihr mir wieder Auftrieb gegeben. Großer Dank auch an meine Agentin Lauren Gardner, die (abgesehen von Freunden und Familie, die dazu ja verpflichtet sind!) mir als Erste sagte: »Ich glaube, du solltest ein Buch daraus machen.« Sie hat mich letztendlich dazu gebracht.

Ein großes Dankeschön geht an all die wundervollen Frauen und starken Power-Mums, die meinen Blog von Anfang an unterstützten, mir zuhörten, als ich endlos darüber quasselte, ihn lasen, ihn teilten, aber vor allem die Spiele mit ihren Kleinen spielten, sodass ich merkte, dass ich etwas Sinnvolles tat ... Jo Howley, Nic Majekodunmi, Michaela Pashley, Gemma Souders, Hannah Ascott, Rebecca Harvey, Claire Blackburn, Jenny Upton, Natalie Hancock, Kelly Morel, Emma Rawlinson, Jasmine Hughes, Nat Jeffrey und Jenna Andrews. Euer Rückhalt hat mich angetrieben. Zudem verneige ich mich vor #fivehourdad Nick Ascott.

Dank an Elizabeth Sanders für ihr Online-Wissen, Sneha Patel dafür, dass sie mein Fels war, wenn ich Puddingbeine hatte, und an Danielle Lewis-Collins, die immer Zeit für mich fand, ganz gleich, was gerade los war.

Dank an meine Online-Gang, die mich in der seltsamen und magischen Welt der Social Media angefeuert hat: Gina, Chara, Abbie, Hannah und Becky! Ihr inspiriert mich, unterstützt mich und bringt mich vor allem zum Lachen – und genau deshalb werde ich euch nie entfolgen! ;-)

Großen Dank auch an Sarah »Unmumsy« Turner für ihre andauernde Unterstützung und die Tipps beim Blog-zu-Buch-Prozess. Ich war total begeistert, dass du mir sogar folgst!

Ein riesiges Dankeschön geht an Großvater Willie für den Abhol- und Bringservice – und dass du die kleinen Wirbelwinde beschäftigt hast, während ich Wörter in den Computer hackte. Wir sind so glücklich, dass du zu unserer Familie gehörst!

Und an meinen wunderbaren Ehemann Kenny. Danke, dass du immer da warst, wenn ich es am meisten brauchte. Für das frühe Aufstehen jeden Tag. Dafür, dass du die chaotischen Spiele-Testphasen und meine ewigen Stunden am Handy oder Laptop ertragen hast. Dafür, dass du immer an mich und meine verrückten Projekte glaubst. Zählt das als »papierenes« Geschenk für unseren Hochzeitstag?

Bei unserer Hochzeit habe ich keine Rede gehalten, also möchte ich diese seltene Gelegenheit nutzten, meiner Mum Jennie und meinem Dad Cliff ordentlich zu danken. Ganz gleich, was ich im Leben tue, sie sind immer für mich da. Sie schenken mir ihre unerschütterliche Unterstützung und würden mich sicher auffangen, sollte ich abstürzen. Das größte Kompliment, das ich ihnen vermutlich machen kann, ist, dass ich immer noch gern mit ihnen zusammen bin und mir wünsche, dass meine eigenen Kinder das irgendwann mal über mich sagen. Tausend Dank für alles, was ihr tut und getan habt. Seit ich selbst Kinder habe, verstehe ich es. Wenn ich euch in einem Buch sage, wie lieb ich euch beide habe, entschädigt euch das hoffentlich für all das Windelwechseln und all meine Ausraster, die ich euch beschert habe!

Aber der größte und letzte Dank gehört meinen beiden Kleinen, ohne die es dieses Buch nicht geben würde, Ewan und Florence. Ihr seid die besten Spiele-Tester, die ich mir je hätte wünschen können. Es gibt keine anderen Menschen auf der Welt, mit denen ich lieber fünf Minuten verbringe als mit euch. Ich liebe euch über alles und werde es immer tun. Und ich bin euch so dankbar, dass ihr solche Superstars seid, während Mama all diese albernen Spiele aufschreibt und mit der Welt teilt. Ich hoffe, dass dieses Buch uns alle immer daran erinnert, wie viel Spaß wir zusammen hatten.

REGISTER

ÜBER DIE AUTORIN

Daisy Upton wurde in London geboren und lebt mit ihrem Mann und zwei Kindern in Cheshire, im Nordwesten Großbritanniens. Sie war jahrelang Sportreporterin und wurde dann Teaching Assistent, was ihre Kollegen und Kolleginnen damals rätselhaft fanden! Sie arbeitete als ausgebildete Pädagogin mit Kindern von 1 bis 6 Jahren und unterstützte Lehrerinnen und Lehrer bei deren Frühförderung. Zusätzlich machte sie eine Ausbildung für Kinder mit Dyslexie sowie anderen Sprach- und Sprechstörungen.

Als ihre eigenen Kinder – Ewan und Florence – drei und eins wurden, zog ihre Liebe zu albernen Spielen, die das Lernen lustiger machen sollten, bei ihr Zuhause ein. Sie begann darüber zu bloggen. Es stellte sich heraus, dass auch andere Leute diese Spiele spielen wollten. Daisy hat heute in den sozialen Netzwerken und auf ihrem Blog Tausende von weiblichen und männlichen Followern, die ihr täglich erzählen, wie sie ihre Spiele umsetzen. Daisy feiert all dies – je nach Jahreszeit – mit haufenweise Schoko-Orangen oder Creme-Eiern und einem Tanz in der Küche.

@fiveminutemum

fiveminutemumma

@fiveminutemum

www.fiveminutemum.com

BISCUITS